부산교통공사
운전직
- 제 01 회 모의고사 -

KB084399

영 역	• NCS : 의사소통, 수리, 문제해결, 자원관리, 정보능력 • 전공 : 기계 · 전기일반
문항수	총 100문항
비 고	객관식 4지선다형

1 다음은 부산교통공사 공지사항 중 일부를 발췌한 것이다. 괄호 안에 들어갈 말로 가장 적절한 것을 고르면?

> **– 1호선 신차 실물모형 품평회 참여자 공개 모집 –**
>
> 평소 공사에 관심을 가져 주신 시민 여러분들께 감사드리며, 도시철도의 이용 편리와 안전 확보 등을 위하여 시민을 상대로 다음과 같이 실물모형 품평회를 (   )하오니 많은 관심과 참여를 바랍니다.
> 개최일시 : 2022. 10. 31.(월) 11:00 ∼ 16:30
> 장소 : ○○로템㈜ 창원공장(창원시 의창구 소재)
> 내용 : 1호선 신차 실물모형(Mock–Up) 품평회 및 제작공장 견학

① 접수
② 토론
③ 발표
④ 개최

2 다음 중 외래어 표기법 규정에 맞는 것을 고르면?

① Book → 붘
② Type → 타잎
③ Scrap → 스크랩
④ Cleaning → 크리닝

3 다음 〈보기〉를 고쳐 쓰기 위한 방안으로 옳지 않은 것은?

> 〈보기〉
>
> 우리나라 가구당 서적·인쇄물 구입에 지출한 돈이 월평균 ㉠1만405원에 불과하다고 한다. 월 평균 3권 이상 읽는 인구 비율은 우리가 14.5%인 데 비해 일본은 17.7%에 달한다. 이처럼 ㉡적은 독서율로는 21세기 문화 전쟁의 시대를 이겨낼 수 없다. 문화 전쟁의 무기는 정보와 지식이고, 책이야말로 검증된 지식과 정보의 원천이기 때문이다. ㉢그러기에 책을 읽지 않는 국민에게는 미래가 없다. 정부는 독서 진흥 방안을 적극 마련해야 한다. 공공 도서관을 ㉣늘이고 양서(良書) 출판도 지원해야 한다. 학교의 독서 환경과 독서 교육을 더욱 강화해야 한다. 신문이든 책이든 읽는 사람[Reader]이 지도자[Leader]가 된다.

① ㉠ : 수(數)는 '만(萬)' 단위로 띄어 써야 하므로 '1만 405원'으로 고친다.
② ㉡ : '비율'은 수치의 높고 낮음을 나타내므로 '낮은'으로 고친다.
③ ㉢ : 앞 문장과의 연결 관계를 고려하여 '그러나'로 고친다.
④ ㉣ : 수나 양을 늘게 한다는 뜻인 '늘리고'로 고친다.

4 밑줄 친 한자어를 고유어로 풀이한 것으로 적절하지 않은 것은?

① 언어폭력을 근절(根絶)해야 한다. → 뿌리째 없애야
② 곳곳에서 백성들이 봉기(蜂起)하였다. → 세차게 일어났다
③ 나는 그의 만행을 방관(傍觀)하고 있었다. → 옆에서 부추기고
④ 그는 나에게 어려움을 토로(吐露)하였다. → 모두 털어놓았다

5 다음 글에 제시된 의사소통의 방법 중 문서적 의사소통에 해당하지 않는 것은?

> 글로벌 무역 회사에서 근무하는 김 씨는 오전부터 밀려드는 업무에 정신이 없다. 오늘 독일의 거래처에서 보내온 수하물 컨테이너 수취확인서를 보내야 하고, 운송장을 작성해야 하는 일이 꼬여 국제전화로 걸려오는 수취확인 문의 전화와 다른 거래처의 클레임을 받느라 전화도 불이 난다. 어제 오후 퇴근하기 전 박 대리에게 운송장을 영문으로 작성해 김 씨에게 줄 것을 메모하여 책상 위에 올려놓고 갔는데 박 대리가 못 본 모양이다. 아침에 다시 한 번 이야기했는데 박 대리는 엉뚱한 주문서를 작성해 놓고 말았다. 그래서 다시 박 대리에게 클레임 관련 메일을 보내 놓았다. 오후 회의에서 발표할 주간업무보고서를 작성해야 하는데 시간이 빠듯해서 큰일이다. 하지만 하늘은 스스로 돕는 자를 돕는다는 마음으로 김 씨는 차근차근 업무정리를 시작하였다.

① 거래처에서 보내온 수취확인서
② 업무지시 메모
③ 영문 운송장 작성
④ 수취확인 문의전화

6 다음 글에 대한 내용으로 가장 적절하지 않은 것은?

지속되는 불황 속에서도 남 몰래 웃음 짓는 주식들이 있다. 판매단가는 저렴하지만 시장점유율을 늘려 돈을 버는 이른바 '박리다매', '저가 실속형' 전략을 구사하는 종목들이다. 대표적인 종목은 중저가 스마트폰 제조업체에 부품을 납품하는 업체이다. A증권에 따르면 전 세계적으로 200달러 이하 중저가 스마트폰이 전체 스마트폰 시장에서 차지하는 비중은 2015년 11월 35%에서 지난 달 46%로 급증했다. 세계 스마트폰 시장 1등인 B전자도 최근 스마트폰 판매량 가운데 40% 가량이 중저가폰으로 분류된다. 중저가용에 집중한 중국 C사와 D사의 2분기 세계 스마트폰 시장 점유율은 전 분기 대비 각각 43%, 23%나 증가해 B전자나 E전자 10%대 초반 증가율보다 월등히 앞섰다. 이에 따라 국내외 스마트폰 업체에 중저가용 부품을 많이 납품하는 F사, G사, H사, I사 등이 조명받고 있다.

주가가 바닥을 모르고 내려간 대형 항공주와는 대조적으로 저가항공주 주가는 최근 가파른 상승세를 보였다. J항공을 보유한 K사는 최근 두 달 새 56% 상승세를 보였다. 같은 기간 L항공을 소유한 M사 주가도 25% 가량 올랐다. 저가항공사 점유율 상승이 주가 상승으로 이어지는 것으로 보인다. 국내선에서 저가항공사 점유율은 2012년 23.5.%에서 지난 달 31.4%까지 계속 상승해왔다. 홍길동 ○○증권 리서치센터장은 "글로벌 복합위기로 주요국에서 저성장·저투자 기조가 계속되는 데다 개인들은 부채 축소와 고령화에 대비해야 하기 때문에 소비를 늘릴 여력이 줄었다."며 "값싸면서도 멋지고 질도 좋은 제품이 계속 주목받을 것"이라고 말했다.

① '박리다매' 주식은 F사, G사, H사, I사의 주식이다.

② 저가항공사 점유율은 계속 상승세를 보이고 있는 반면 대형 항공주는 주가 하락세를 보였다.

③ 글로벌 복합위기와 개인들의 부채 축소, 고령화 대비에 따라 값싸고 질 좋은 제품이 주목받을 것이다.

④ B전자가 주력으로 판매하는 스마트폰이 중저가 폰에 해당한다.

|7 ~ 8| 다음 글을 읽고 물음에 답하시오.

가장 흔히 볼 수 있는 거미줄의 형태는 중심으로부터 ㉠방사형으로 뻗어 나가는 둥근 그물로, 짜임이 어찌나 완벽한지 곤충의 입장에서는 마치 빽빽하게 쳐 놓은 튼튼한 고기잡이 그물과 다름없다. 이 둥근 그물을 짜기 위해 거미는 먼저 두 물체 사이를 팽팽하게 이어주는 '다리실'을 만든다. 그다음 몇 가닥의 실을 뽑아내 별 모양으로 주변 사물들과 중심부를 연결한다.

두 번째 작업으로, 거미는 맨 위에 설치한 다리실에서부터 실을 뽑아내 거미줄의 가장자리 틀을 완성한다. 그런 후 중심과 가장자리 사이를 왔다갔다하며 세로줄을 친다. 세 번째 작업은 ㉡임시 가로줄을 치는 것이다. 이 가로줄은 거미가 돌아다닐 때 발판으로 쓰기 위한 것이기 때문에 점성이 없어 달라붙지 않고 튼튼하다. 나중에 거미줄을 완성하고 쓸모가 없어지면 다니면서 먹어 치웠다가 필요할 때 다시 뽑아내 재활용한다.

마지막으로 영구적이고 끈끈한 가로줄을 친다. 중심을 향해 가로줄을 친 후 다시 바깥쪽으로 꼼꼼히 치기도 하면서 끈끈하고 ㉢탄력 있는 사냥용 거미줄을 짠다. 거미는 돌아다닐 때 이 가로줄을 밟지 않으려고 각별히 조심한다고 한다. 거미의 발끝에 기름칠이 되어 있어 이 실에 달라붙지 않는다는 설도 있다. 이렇게 거미줄을 완성하면 거미는 가만히 앉아 먹잇감을 기다리기만 하면 된다. 거미줄을 완성하는 데 걸리는 시간은 한 시간 반이 안 되며 사용되는 실의 길이는 최대 30미터다.

거미줄은 거미와 곤충 사이에 벌어지는 끊임없는 생존 경쟁이 낳은 진화의 산물이다. 일례로 그물을 이루는 견사(실)는 눈에 거의 띄지 않게끔 진화했다. 그래서 1초에 자기 몸길이의 57배만큼 날아가는 초파리의 경우, 몸길이의 세 배 거리까지 접근하기 전에는 눈앞의 재앙을 ㉣감지하지 못한다.

7 윗글을 통해 알 수 있는 내용으로 적절하지 않은 것은?

① 거미줄 치기의 첫 번째 작업은 다리실을 만드는 것이다.

② 거미는 이동을 위해 점성이 없는 임시 가로줄을 친다.

③ 사냥용 거미줄은 거미가 돌아다닐 때 발판으로 쓰인다.

④ 거의 눈에 띄지 않는 거미줄은 생존을 위해 진화된 결과이다.

8 ㉠ ~ ㉣의 사전적 의미로 적절하지 않은 것은?

① ㉠ 방사형 : 중앙의 한 점에서 사방으로 뻗어나간 모양
② ㉡ 임시 : 미리 얼마 동안으로 정하지 않은 잠시 동안
③ ㉢ 탄력 : 용수철처럼 튀거나 팽팽하게 버티는 힘
④ ㉣ 감지 : 감추어진 사실을 깊이 살피어 조사하는 것

9 다음 나열된 숫자의 규칙을 찾아 빈칸에 들어가기 적절한 수를 고르면?

3 8 14 25 37 54 ( )

① 65　　　　② 67
③ 72　　　　④ 77

10 △△ 인터넷 사이트에 접속하기 위한 비밀번호의 앞 세 자리는 영문으로, 뒤 네 자리는 숫자로 구성되어 있다. △△ 인터넷 사이트에 접속하려 하는데 비밀번호 끝 두 자리가 생각나지 않아서 접속할 수가 없다. 기억하고 있는 사실이 다음과 같을 때, 사이트 접속 비밀번호를 구하면?

㉠ 비밀번호 : a b c 4 2 ? ?
㉡ 네 자리 숫자의 합은 15
㉢ 맨 끝자리의 숫자는 그 바로 앞자리 수의 2배

① abc4200　　　　② abc4212
③ abc4224　　　　④ abc4236

11 아버지는 일생의 6분의 1이 지나 청년이 되었고, 그 후 12분의 1이 지나 수염이 자랐으며 다시 7분의 1이 지나 결혼하였다. 5년 후 낳은 아들이 일생의 아버지 나이의 꼭 절반을 살고, 아들이 죽은 지 4년 만에 아버지는 세상을 떠났다. 다음 중 아버지가 세상을 떠났을 때의 나이는 얼마인가?

① 74세　　　　② 84세
③ 90세　　　　④ 94세

12 어느 제과점에서는 간식으로 먹을 수 있는 서로 다른 4개의 빵과 서로 다른 2개의 쿠키를 판매하고 있다. 이 제과점에서 임의로 간식 2개를 산다고 할 때 모두 쿠키일 확률은?

① $\frac{1}{6}$　　　　② $\frac{1}{12}$
③ $\frac{1}{15}$　　　　④ $\frac{1}{20}$

13 사과, 배, 포도, 귤, 감 5종류의 과일과 배추, 오이, 당근 3종류의 채소가 있다. 이 중에서 과일 2개, 채소 2개를 선택하는 경우는 몇 가지인가?

① 30가지　　　　② 20가지
③ 15가지　　　　④ 20가지

14 다음 표는 직육면체 형태를 가진 제빙기 A ~ H에 관한 자료이다. 다음 자료에 대한 설명으로 옳은 것은?

제빙기	1일 생산량 (kg)	저장량 (kg)	길이(mm) 가로	세로	높이	냉각 방식	생산가능 얼음형태
A	46	15	663	506	690	공랭식	사각
B	375	225	560	830	1,785	수랭식	가루
C	100	55	704	520	1,200	수랭식	사각
D	620	405	1,320	830	2,223	수랭식	반달
E	240	135	560	830	2,040	수랭식	사각
F	120	26	640	600	800	공랭식	가루
G	225	130	560	830	1,936	수랭식	반달
H	61	26	633	506	850	수랭식	사각

※ 바닥면적 = 가로 × 세로

① 공랭식 제빙기 중 1일 생산량이 가장 큰 것은 D이다.
② 냉각방식이 공랭식인 제빙기 중에 냉각방식이 수랭식인 제빙기보다 1일 생산량이 큰 제빙기는 없다.
③ 높이가 2m 이상인 제빙기 중 가루 형태의 얼음을 생산할 수 있는 제빙기는 없다.
④ 바닥면적이 가장 큰 제빙기는 G이다.

┃15 ~ 16┃ 다음 자료를 보고 이어지는 물음에 답하시오.

〈가정용 정화조에서 수집한 샘플의 수중 질소 성분 농도〉

(단위 : mg/L)

샘플 \ 항목	총질소	암모니아성 질소	질산성 질소	유기성 질소	TKN
A	46.24	14.25	2.88	29.11	43.36
B	37.38	6.46	( )	25.01	( )
C	40.63	15.29	5.01	20.33	35.62
D	54.38	( )	( )	36.91	49.39
E	41.42	13.92	4.04	23.46	37.38
F	( )	( )	5.82	( )	34.51
G	30.73	5.27	3.29	22.17	27.44
H	25.29	12.84	( )	7.88	20.72
I	( )	5.27	1.12	35.19	40.46
J	38.82	7.01	5.76	26.05	33.06
평균	39.68	( )	4.34	( )	35.34

※ 1) 총질소 농도 = 암모니아성 질소 농도 + 질산성 질소 농도 + 유기성 질소 농도
2) TKN 농도 = 암모니아성 질소 농도 + 유기성 질소 농도

15 다음 중 위의 자료에 대한 올바른 설명을 〈보기〉에서 모두 고른 것은?

〈보기〉
㉠ 샘플 A의 총질소 농도는 샘플 I의 총질소 농도보다 높다.
㉡ 샘플 B의 TKN 농도는 30mg/L 이상이다.
㉢ 샘플 B의 질산성 질소 농도는 샘플 D의 질산성 질소 농도보다 낮다.
㉣ 샘플 F는 암모니아성 질소 농도가 유기성 질소 농도보다 높다.

① ㉠㉡
② ㉠㉢
③ ㉡㉢
④ ㉠㉢㉣

16 각각의 샘플 중 총질소 농도와 질산성 질소 농도 모두 평균값보다 낮은 샘플의 수는 얼마인가?

① 0 ② 1
③ 2 ④ 3

17 다음 중 환경 분석의 방법으로 사업 환경을 구성하고 있는 자사, 경쟁사, 고객에 대한 분석방법은?

① SWOT 분석 ② 3C 분석
③ 목표 분석 ④ 심층면접 분석

18 다음 빈칸에 들어가기 적절한 것끼리 묶인 것은?

문제해결과정 중 가장 먼저 해야 될 일은 해결해야 할 문제를 인식하는 일이다. 그러나 문제를 인식하기 위해서는 현상에 만족하지 않고 전향적인 자세로 개선을 하고자 하는 ( )와/과 ( )이/가 있어야 한다.

① 문제의식 – 의욕 ② 문제의식 – 기술
③ 문제해결능력 – 방법 ④ 문제해결능력 – 기술

19 다음 명제가 모두 참이라고 할 때, 반드시 참인 명제는?

• 甲이 축구를 하면 乙은 야구를 한다.
• 乙이 야구를 하면 丙은 농구를 한다.
• 丙이 농구를 하면 丁은 배구를 한다.

① 丁이 배구를 하면 乙이 야구를 한다.
② 丁이 배구를 하면 丙은 농구를 한다.
③ 丙이 농구를 하면 甲이 축구를 한다.
④ 丁이 배구를 하지 않으면 甲이 축구를 하지 않은 것이다.

20 서원상회는 많은 사과 산지들 중 산지 A, B, C, D, E를 예비 후보로 선정했다. 다음의 내용이 모두 참일 때, 반드시 선택되는 산지의 수는? (단, 이 외의 다른 산지가 선택될 가능성은 없다.)

> ㉠ 산지 A가 선택되면 산지 C도 선택된다.
> ㉡ 산지 A가 선택되지 않으면 B와 E도 선택되지 않는다.
> ㉢ 산지 C가 선택되면 D가 선택되거나, A가 선택되지 않는다.
> ㉣ 산지 B가 선택되지 않으면 A는 선택되고, C는 선택되지 않는다.

① 1개
② 2개
③ 3개
④ 4개

21 민경이는 다음 주 중에 열릴 세미나의 요일을 잊어버려 팀원들에게 물어봤더니 한사람을 제외한 모든 사람들이 거짓말로 대답해 주었다. 세미나가 열리는 요일은 무슨 요일인가?

> 미진 : 세미나는 월요일 또는 수요일에 열릴 거야.
> 가영 : 세미나는 수요일이야.
> 민호 : 저번 달에 열린 세미나도 금요일이었잖아. 이번 세미나도 금요일이야.
> 태민 : 나도 잘 모르겠는걸. 하지만 목, 금은 아니었어.
> 수진 : 세미나 다음 날은 토요일이라 쉴 수 있잖아요.

① 월요일
② 화요일
③ 수요일
④ 목요일

22 다음은 세라믹 코팅 쿡웨이, 내열자기, 도마 등의 제품을 생산 및 판매하는 주방용품 전문기업에 대한 SWOT 분석이다. 위협 요인에 작성한 내용 중 잘못된 것은?

강점	약점
• 주력제품 시장 점유율 상위 • 원스톱 생산 시스템 구축 • 우수한 디자인 • 중국 하이닝 생산 공장 건설 • 자체 R&D센터 보유	• 약한 브랜딩 • 비효율적인 채널 관리 • R&D에 비해 약한 마케팅 • 가이드라인이 없는 CS • 수출 국가 수에 비해 상대적으로 적은 매출

기회	위협
• 글로벌 인구 트랜드의 변화 • 중소기업과 스타트업의 협업 장려 • 중국 고객의 한국 주방용품, 친환경 유아용품 수요 증가	① 세계 경제의 불황 ② 소비자들의 품질 인증 불신 ③ 배달 시장의 범위 확장 ④ 고객 요구의 변화와 세분화

┃23 ~ 24┃ 다음은 부산교통공사 도시철도 운임 및 환승 운임에 관한 자료이다.

> **〈도시철도 운임〉**
> ㉠ 승차권
> • 종이승차권 : 1회권, 2회권 / 일반용, 청소년용, 다자녀가정 · 어린이용
> • 교통카드 : 일반용, 청소년용, 어린이용
> • 정기승차권 : 1일권, 7일권, 1개월권(동해선, 부산김해경전철 등 타 교통수단 이용불가)
> ㉡ 운임제도(이동구간제)
> • 1구간 : 출발역에서 10km까지
> • 2구간 : 출발역에서 10km 이상
> ㉢ 운임표
> • 교통카드/종이승차권

구분	교통카드			종이승차권		
	어른	청소년	어린이	어른	청소년	다자녀 가정 · 어린이
1구간	1,300원	1,050원	650원	1,400원	1,150원	700원
2구간	1,500원	1,200원	750원	1,600원	1,300원	800원

－어른 : 만19세 이상, 청소년 : 만13세 이상 ~ 만18세 이하, 어린이(할인) : 만6세 이상 ~ 만12세 이하, 초등학생 또는 부산시 거주 다자녀 가정 구성원

－무임(우대권 발급)

※ 1) 경로우대자(만65세 이상), 장애인(1-3급 경우 보호자 1인 포함)
   2) 국가유공자(1-7급), 독립유공자, 5·18민주유공자 : 1급은 보호자 1인 포함

• 정기승차권

구분	운임	이용안내
1일권	5,000원	발매당일 구간 및 횟수제한 없이 사용
7일권	21,000원	7일간 구간제한 없이 20회까지 사용
1개월권	60,000원	30일간 구간제한 없이 60회까지 사용

－ 반환 시에는 사용횟수를 적용 산출한 금액과 수수료 공제 후 반환

－ 반환금액 = 정기승차권 보충금액 － (1구간 교통카드요금 × 사용횟수) － 100원

－ 보충일로부터 1개월권은 30일, 7일권은 7일이 경과한 경우 반환 금액이 없습니다.

• 단체승차권(20인 이상)

할인율(교통카드 기준)			비고
어른	청소년	어린이	
10%	10%	10%	종이권 기준 18 ~ 20% 할인

• 주문제승차권 : 액면금액의 15% 할인

－ 정액승차권(5,000원부터) 30매 이상, 종이승차권 200매 이상

〈환승운임〉

㉠ 도시철도(1구간) ⇔ 일반버스 환승

고객별	도시철도 → 일반버스		일반버스→도시철도	
	도시철도	일반버스	일반버스	도시철도
어른	1,300원	0원	1,200원	100원
청소년	1,050원	0원	800원	250원
어린이	650원	0원	350원	300원

※ 도시철도 2구간 이용할 경우, 추가운임 부과(어른 200원, 청소년 150원, 어린이 100원)

㉡ 도시철도(1구간) ⇔ 동해선(1구간)환승

고객별	도시철도 → 동해선		동해선→도시철도	
	도시철도	동해선	동해선	도시철도
어른	1,300원	0원	1,300원	0원
청소년	1,050원	0원	1,050원	0원
어린이	650원	0원	650원	0원

※ 도시철도 2구간 동해선 2구간 이용할 경우, 추가운임 부과(어른 200원, 청소년 150원, 어린이 100원)

23 다음 자료를 참고할 때 옳지 않은 설명은?

① 승차권은 종이승차권, 교통카드, 정기승차권이 있다.

② 국가유공지 6급에 해당하는 사람은 무임으로 승차할 수 있다.

③ 7일권을 6회 사용했다면 반환금액은 13,200원이다.

④ 교통카드의 단체승차권 할인율은 어른, 청소년, 어린이 모두 같다.

24 다음 〈보기〉 각각의 상황에 알맞은 총 운임이 올바르게 짝지어진 것은?

〈보기〉
㉠ 민정이 고등학생인 아들과 함께 일반버스를 탄 후 환승하여 도시철도 2구간을 이용한 경우
㉡ 중학교 3학년인 동식이 친구 3명과 동해선 1구간에서 환승하여 도시철도 1구간을 이용한 경우

	㉠	㉡
①	2,500	4,200
②	2,700	4,200
③	2,700	5,800
④	3,000	5,800

25 다음 시트처럼 한 셀에 두 줄 이상 입력하려는 경우 줄을 바꿀 때 사용하는 키는?

	A	B
1	서원각 출판사	실전 모의고사
2		
3		

① 〈F1〉＋〈Enter〉

② 〈Alt〉＋〈Enter〉

③ 〈Alt〉＋〈Shift〉＋〈Enter〉

④ 〈Shift〉＋〈Ctrl〉＋〈Enter〉

26 다음의 알고리즘에서 인쇄되는 S는?

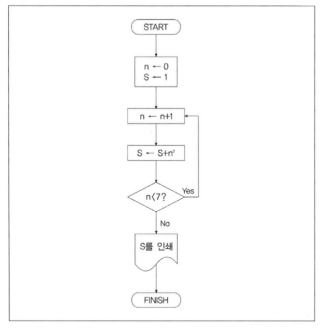

① 137　　　　　　　② 139

③ 141　　　　　　　④ 143

27 함수식을 이용해서 평균 80점 이상이면 '우수', 60 ~ 79점이면 '보통', 60점 미만이면 '미달'로 승진 대상자들을 평가하려고 한다. [F2]셀에 입력할 수 있는 함수식으로 옳은 것은?

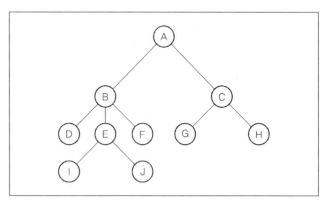

	A	B	C	D	E	F	G
1	번호	이름	직위	부서	점수	평가	
2	1	김XX	사원	영업	82		
3	2	이XX	사원	영업	90		
4	3	박XX	대리	마케팅	79		
5	4	정XX	사원	회계	52		
6	5	오XX	대리	마케팅	63		
7	6	함XX	대리	마케팅	87		
8	7	지XX	사원	영업	65		
9	8	홍XX	사원	회계	74		
10	9	강XX	대리	영업	92		
11	10	주XX	사원	회계	86		
12							

① ＝IF(E2〉＝80, "우수", IF(E2〉＝60, "보통", "미달"))

② ＝IF(F2〉＝80, "우수", IF(F2〉＝60, "보통", "미달"))

③ ＝IF(OR(E2〈80, F2〈80)"우수 ", " 보통 ", " 미달 ")

④ ＝IF(OR(F2〈80, E2〈80)"우수 ", " 보통 ", " 미달 ")

28 터미널노드는 자식이 없는 노드를 말한다. 다음 트리에서 터미널노드 수는?

① 5　　　　　　　　② 6

③ 7　　　　　　　　④ 8

29 다음은 A가 코딩을 하여 만들려는 홀짝 게임 프로그램의 알고리즘 순서도이다. 그런데 오류가 있었는지 잘못된 값을 도출하였다. 잘못된 부분을 고르면?

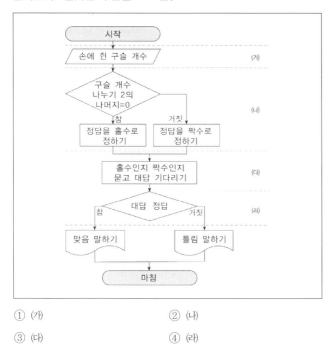

① (가)

② (나)

③ (다)

④ (라)

30 다음 자료를 참고할 때, 해당 수치가 가장 큰 것은 어느 것인가?

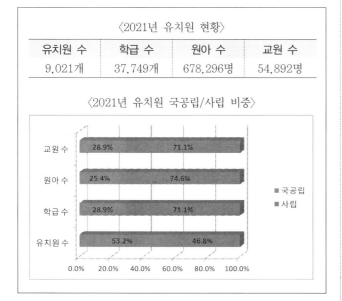

① 국공립 유치원 1개당 평균 원아 수

② 사립 유치원 1개당 평균 학급 수

③ 사립 유치원 1개당 평균 교원 수

④ 국공립 유치원 교원 1인당 평균 원아 수

▌31 ~ 32▐ 다음 사례를 읽고 물음에 답하시오.

NS그룹의 오 대리는 상사로부터 스마트폰 신상품에 대한 기획안을 제출하라는 업무를 받았다. 이에 오 대리는 먼저 기획안을 작성하기 위해 필요한 정보가 무엇인지 생각을 하였는데 이번에 개발하고자 하는 신상품이 노년층을 주 고객층으로 한 실용적이면서도 조작이 간편한 제품이기 때문에 우선 50 ~ 60대의 취향을 파악할 필요가 있었다. 따라서 오 대리는 50 ~ 60대 고객들이 현재 사용하고 있는 스마트폰의 모델과 좋아하는 디자인, 사용하면서 불편해 하는 사항, 지불 가능한 액수 등에 대한 정보가 필요함을 깨달았고 이러한 정보는 사내에 저장된 고객정보를 통해 얻을 수 있음을 인식하였다. 오 대리는 다음 주까지 기획안을 작성하여 제출해야 하기 때문에 이번 주에 모든 정보를 수집하기로 마음먹었고 기획안 작성을 위해서는 방대한 고객정보 중에서도 특히 노년층에 대한 정보만 선별할 필요가 있었다. 이렇게 사내에 저장된 고객정보를 이용할 경우 따로 정보수집으로 인한 비용이 들지 않는다는 사실도 오 대리에게는 장점으로 작용하였다. 여기까지 생각이 미치자 오 대리는 고객정보를 얻기 위해 고객센터에 근무하는 조 대리에게 관련 자료를 요청하였고 가급적 연령에 따라 분류해 줄 것을 당부하였다.

31 다음 중 오 대리가 수집하고자 하는 고객정보 중에서 반드시 포함되어야 할 사항으로 옳지 않은 것은?

① 연령

② 사용하고 있는 모델

③ 거주지

④ 사용 시 불편사항

32 다음 〈보기〉의 사항들 중 위 사례에 포함된 사항은 모두 몇 개인가?

〈보기〉
- WHAT(무엇을?)
- WHERE(어디에서?)
- WHEN(언제까지?)
- WHY(왜?)
- WHO(누가?)
- HOW(어떻게?)
- HOW MUCH(얼마나?)

① 1개
② 3개
③ 5개
④ 7개

33 원/달러 환율이 달러 당 1,100원대 → 1,000원대로 진입하는 등 원화 값이 가파르게 상승하고 있는 상황에서, 원화 값의 강세가 이어질 때 다음 보기 중 손해를 보는 경제 주체는 누구인가?

① 외국여행을 준비 중인 신혼부부
② 외국으로 제품을 수출하는 기업
③ 외국에 사는 자녀에게 돈을 보내주는 부모
④ 스마트폰 애플리케이션을 달러화로 결제하는 구매자

34 다음은 K전자의 연도별 매출 자료이다. 2017년 1분기의 판관비가 2억 원이며, 매 시기 1천만 원씩 증가하였다고 가정할 때, K전자의 매출 실적에 대한 올바른 설명은 어느 것인가?

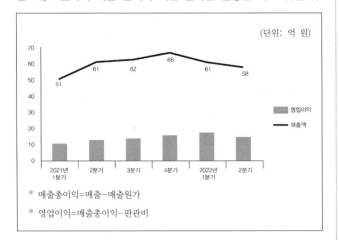

* 매출총이익=매출−매출원가
* 영업이익=매출총이익−판관비

① 매출원가가 가장 큰 시기의 매출총이익도 가장 크다.
② 매출액 대비 영업이익을 나타내는 영업이익률은 2022년 1분기가 가장 크다.
③ 매출총이익에서 판관비가 차지하는 비중은 2021년 1분기가 가장 크다.
④ 매출원가와 매출총이익의 증감 추이는 영업이익의 증감 추이와 매 시기 동일하다.

35 A출판사는 자원의 낭비를 막고 비용을 감축하고자 대대적인 경비절감 캠페인을 벌이고 있다. 다음 항목 중 경비절감 요소에 해당하지 않는 것을 고르면?

- 유류비
- 저자 인세비
- 사무용품비
- 사무실 관리비
- 문화지원비
- 식비

① 사무용품비
② 식비
③ 유류비
④ 저자 인세비

36 감사원의 공공기관 감사로 인한 회의에 담당자로 참여하게 되었다. 다음 주에 있을 회의의 진행일로 효율적인 요일을 고르면?

- 대한석탄공사 담당자 주간일정

월요일	화요일	수요일	목요일	금요일	토요일
				해외출장	해외출장

- 산업통상자원부 담당자 주간일정

월요일	화요일	수요일	목요일	금요일	토요일
	국회출석				

- 감사원 담당자 주간일정

월요일	화요일	수요일	목요일	금요일	토요일
내부회의		타공사 방문			

① 월요일
② 화요일
③ 수요일
④ 목요일

37 다음은 수송원가 및 운임결정에 대한 자료이다. 다음의 자료를 참고할 때 각 교통공사별 수송원가, 평균운임, 원가 보전율이 올바르게 나열된 것은?

〈수송원가 및 운임 결정 자료〉

(단위 : 천 명, 백만 원)

교통공사	총 수송원가	수송 현황		1인당(원)		원가 보전율(%)
		인원	수입금	수송원가	평균운임	
甲	702,850	380,820	330,142			
乙	103,285	50,621	45,620			
丙	901,874	412,340	470,446			
丁	905,313	290,447	310,770			
戊	92,184	45,882	39,684			

※ 1) 수송원가 = $\dfrac{\text{총 수송원가}}{\text{인원}}$

2) 평균운임 = $\dfrac{\text{수입금}}{\text{인원}}$

3) 원가 보전율 = $\dfrac{\text{평균운임}}{\text{수송원가}}$

4) 단, 계산 값은 소수점 둘째 자리에서 반올림한다.

① 甲 : 1845.6, 866.9, 47.0

② 乙 : 2040.4, 1001.2, 49.1

③ 丙 : 2250.3, 1140.9, 50.2

④ 丁 : 3117.0, 1069.9, 44.3

|38 ~ 39| 다음은 W기업의 신입사원 채용 공고이다. 다음을 보고 물음에 답하시오.

신입사원 채용 공고

• 부서별 인원 TO

기획팀	HR팀	재무팀	총무팀	해외사업팀	영업팀
0	1	2	2	3	1

• 공통 요건

1. 지원자의 지원부서 외 타부서에서의 채용 불가

2. 학점 3.8 이상 / TOEIC 890 이상 우대

3. 4년제 수도권 대학 졸업 우대

• 부서별 요건

1. 해외사업팀 – 3개 국어 가능자

2. 영업팀 – 운전가능자

38 다음 중 신입사원 채용 공고로 보아 입사가능성이 가장 높은 사람은?

이름	지원부서	학점	TOEIC	외국어 회화	운전면허
① 정재일	기획팀	4.3	910	프랑스어	무
② 이상이	영업팀	3.9	830	영어, 이탈리아어	무
③ 김동일	해외사업팀	4.1	900	독일어	유
④ 유일한	총무팀	4.0	890	일본어, 중국어	무

39 다음 보기의 내용 중 적절하지 않은 것을 고르면?

① W기업은 올해 총 9명의 신입사원을 채용할 계획이다.

② TOEIC 890 이하인 지원자는 입사가 불가하다.

③ 가장 TO가 많은 부서는 해외사업팀이다.

④ 공통요건에 해당하더라도 지원부서의 요건에 맞지 아니하면 합격이 불가하다.

40 다음은 어느 해의 산업재해로 인한 사망사고 건수이다. 다음 중 산업재해 사망건수에 가장 큰 영향을 끼치는 산업재해의 기본적 원인은?

〈표〉 20XX년도 산업재해 사망사고 원인별 분석

산업재해 발생원인	건수
작업준비 불충분	162
유해 · 위험작업 교육 불충분	76
건물 · 기계 · 장치의 설계 불량	61
안전 지식의 불충분	46
안전관리 조직의 결함	45
생산 공정의 부적당	43

① 기술적 원인
② 교육적 원인
③ 작업 관리상 원인
④ 불안전한 행동

41 아이디어 단계에서부터 시작하여 상업화 단계에 이르기까지 기술혁신의 전 과정이 성공적으로 수행되기 위해서는 다섯 가지 핵심적인 역할이 혁신에 참여하는 핵심 인력들에 의해 수행되어야 한다. 다음과 같은 혁신 활동을 수행하는 역할들에게 필요한 자질과 능력으로 가장 옳은 것은?

• 혁신에 대한 격려와 안내
• 불필요한 제약에서 프로젝트 보호
• 혁신에 대한 자원 획득을 지원

① 각 분야의 전문지식
② 아이디어의 응용에 관심
③ 원만한 대인 관계 능력
④ 조직의 주요 의사결정에 대한 영향력

42 왼쪽의 상태에서 스위치를 두 번 눌렀더니 오른쪽과 같은 상태로 바뀌었다. 다음의 표를 참고할 때, 어떤 스위치를 눌렀는가?

ᄀ ᐸ ∧ ⊂ → ⊂ ∧ ᐸ ᄀ

스위치	기능
☆	1번과 2번 기계의 위치를 교체
★	1번과 3번 기계의 위치를 교체
○	1번과 4번 기계의 위치를 교체
●	2번과 3번 기계의 위치를 교체
◇	2번과 4번 기계의 위치를 교체
◆	3번과 4번 기계의 위치를 교체
□	1번과 3번 기계를 시계방향으로 90° 회전
■	2번과 3번 기계를 시계방향으로 90° 회전
△	1번과 4번 기계를 시계방향으로 90° 회전
▲	2번과 4번 기계를 시계방향으로 90° 회전

1번 기계 : ᄀ 2번 기계 : ᐸ 3번 기계 : ∧ 4번 기계 : ⊂

※ 각각의 기계가 회전한 모양도 같은 기계로 간주

① ○, ● ② □, ▲
③ ☆, ★ ④ ◇, ◆

43 다음 중 지하철 대형사고(화재)의 발생 시 대응으로 옳지 않은 것은?

〈철도운영자 지하철 대형사고(화재) 대응 흐름도〉

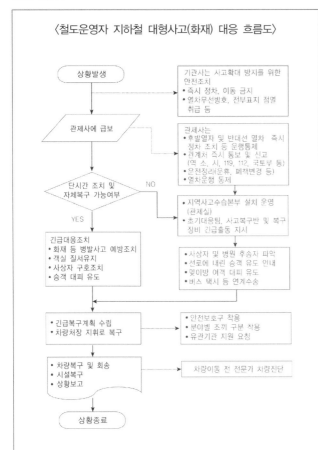

〈지하철 대형사고(화재) 발생 시 부서별 임무 및 역할〉

부서(반)	임무 및 역할	비고
공보 지원반	• 정부의 사태수습상황, 대국민 협조사항 등 대국민 홍보	• 홍보담당관실
현장대응 지휘반	• 인명구조·구호 지원, 현장 경찰통제선 설치 및 질서유지 • 피해최소화를 위한 안전조치와 2차사고 방지 조치 점검 • 사고대응 및 복구 협조·지원·독려 등 • 사고 수습 상황 중앙사고수습 본부 보고 • 사상자 및 유가족 애로사항 해소 지원	• 철도운행안전과장, 철도안전감독관, 철도경찰

총괄 상황반	• 위기상황 접수·확인, 보고·전파 • 중앙사고수습본부 설치·운영 및 비상근무체계 확립 • 현장대응지휘반 및 현장 사고대책본부 등 연락 및 지원 • 대내외 수시보고 및 일상보고 • 재난방송 요청, 사상자 호송병원 직원 배치 • 정부의 사태수습상황, 대국민 협조사항 등 대국민 홍보 보도자료 작성	• 철도운행안전과 • 철도운행안전과 • 철도운행안전과 • 철도운행안전과 • 철도시설안전과 • 철도안전정책과
보상 지원반	• 피해자 유가족 애로사항 해소 지원 • 보상협의처리·지원 • 총괄상황반 지원 및 기타 지시사항 처리	• 철도정책과
복구 지원반	• 사고현황 파악 및 복구지원 활동 • 유관기관 등의 현장지원 상황 파악 및 지원 요구 • 복구장비 회사 현황 파악 및 적극적인 지원유도	• 철도건설과
대외 협력반	• 관계부처 및 유관기관 협조 및 지원·연락체계 유지 • 민심동향 등 여론정보 수집 및 언론보도 모니터링	• 철도운영과
수송 대책반	• 운행중단구간 대체교통수단 시행 지원 • 사고지역 지하철, 마을·시내버스 연장·증회운행, 택시부제 해제 등 비상수송대책 지원·협조 요청	• 광역도시철도과

① 철도운영자는 화재사고 발생 시 관제사에 급보해야 한다.

② 기관사는 사고확대 방지를 위한 안전조치를 실시한다.

③ 관제사는 후발열차 및 반대선 열차를 즉시 정차하도록 조치하고 운행을 통제해야 한다.

④ 철도운영자는 자체복구가 불가능할 때는 긴급대응조치를 실시한다.

44 다음은 버블정렬에 관한 설명과 예시이다. 보기에 있는 수를 버블 정렬을 이용하여 오름차순으로 정렬하려고 한다. 1회전의 결과는?

버블정렬은 인접한 두 숫자의 크기를 비교하여 교환하는 방식으로 정렬한다. 이때 인접한 두 숫자는 수열의 맨 앞부터 뒤로 이동하며 비교된다. 맨 마지막 숫자까지 비교가 이루어져 가장 큰 수가 맨 뒷자리로 이동하게 되면 한 회전이 끝난다. 다음 회전에는 맨 뒷자리로 이동한 수를 제외하고 같은 방식으로 비교 및 교환이 이루어진다. 더 이상 교환할 숫자가 없을 때 정렬이 완료된다. 교환은 두 개의 숫자가 서로 자리를 맞바꾸는 것을 말한다.

〈예시〉

30, 15, 40, 10을 정렬하려고 한다.

• 1회전

(30, 15), 40, 10 : 30〉15 이므로 교환

15, (30, 40), 10 : 40〉30 이므로 교환이 이루어지지 않음

15, 30, (40, 10) : 40〉10 이므로 교환

1회전의 결과 값 : 15, 30, 10, 40

• 2회전 (40은 비교대상에서 제외)

(15, 30), 10, 40 : 30〉15 이므로 교환이 이루어지지 않음

15, (30, 10), 40 : 30〉10 이므로 교환

2회전의 결과 값 : 15, 10, 30, 40

• 3회전 (30, 40은 비교대상에서 제외)

(15, 10), 30, 40 : 15〉10이므로 교환

3회전 결과 값 : 10, 15, 30, 40 → 교환 완료

〈보기〉

9, 6, 7, 3, 5

① 6, 3, 5, 7, 9

② 3, 5, 6, 7, 9

③ 6, 7, 3, 5, 9

④ 9, 6, 7, 3, 5

45 철도 레일 생산업체인 '강한 금속'은 A, B 2개의 생산라인에서 레일을 생산한다. 2개의 생산라인을 하루 종일 풀가동할 경우 3일 동안 525개의 레일을 생산할 수 있으며, A라인만을 풀가동하여 생산할 경우 90개의 레일을 생산할 수 있다. A라인만을 풀가동하여 5일간 제품을 생산하고 이후 2일은 B라인만을, 다시 추가로 2일간은 A, B라인을 함께 풀가동하여 생산을 진행한다면, 강한 금속이 생산한 총 레일의 개수는 모두 몇 개인가?

① 940개

② 970개

③ 1,050개

④ 1,120개

46 A마을에 거주하는 성인 60명에게 사회보장제도 이용 실태에 대하여 물어보았다. 국민연금에 가입해 있는 사람이 35명, 고용보험에 가입해 있는 사람이 28명, 국민연금과 고용보험 어느 것에도 가입하지 않은 사람이 5명이었다면, 국민연금은 가입하였으나 고용보험은 가입하지 않은 사람은 몇 명인가?

① 27명

② 26명

③ 25명

④ 24명

47 다음은 지하철 역사 환경 개선작업을 위하여 고용된 인원의 10일 간의 아르바이트 현황이다. 맡은 바 업무의 난이도에 따른 기본 책정 보수와 야근, 지각 등의 근무 현황이 다음과 같을 경우, 10일 후 지급받는 총 보수액이 가장 많은 사람은 누구인가?

구분	야근(시간)	기본 책정 보수	지각횟수(회)
갑	평일3, 주말3	85만 원	3
을	평일1, 주말3	90만 원	3
병	평일2, 주말2	90만 원	3
정	평일5, 주말1	80만 원	4

• 평일 기본 시급은 10,000원이다.

• 평일 야근은 기본 시급의 1.5배, 주말 야근은 기본 시급의 2배이다.

• 지각은 1회에 15,000원씩 삭감한다.

① 갑

② 을

③ 병

④ 정

제 01 회 모의고사

48 다음은 A의류매장의 판매 직원이 매장 물품 관리 시스템에 대하여 설명한 내용이다. 이를 참고할 때, bar code와 QR코드 관리 시스템의 특징으로 적절하지 않은 것은?

"저희 매장의 모든 제품은 입고부터 판매까지 스마트 기기와 연동된 전산화 시스템으로 운영되고 있어요. 제품 포장 상태에 따라 bar code와 QR 코드로 구분하여 아주 효과적인 관리를 하는 거지요. 이 조그만 전산 기호 안에 필요한 모든 정보가 입력되어 있어 간단한 스캔만으로 제품의 이동 경로와 시기 등을 손쉽게 파악하는 겁니다. 제품군을 분류하여 관리하거나 적정 재고량을 파악하는 데에도 매우 효율적인 관리 시스템인 셈입니다."

① QR 코드는 bar code보다 많은 양의 정보를 담을 수 있다.
② bar code는 제품군과 특성을 기준으로 물품을 대/중/소 분류에 의해 관리한다.
③ bar code는 물품의 정보를 기호화하여 관리하는 것이다.
④ bar code의 정보는 검은 막대의 개수와 숫자로 구분된다.

49 다음의 워크시트에서 추리영역이 90점 이상인 사람의 수를 구하고자 할 때, [D8] 셀에 입력할 수식으로 옳은 것은?

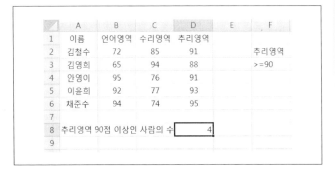

① =DSUM(A1:D6,4,F2:F3)
② =DSUM(A1:D6,3,F2:F3)
③ =DCOUNT(A1:D6,3,F2:F3)
④ =DCOUNT(A1:D6,4,F2:F3)

50 다음은 인터넷 검색을 통하여 얻은 내용을 나타낸 것이다. 주어진 내용에 해당하는 사례들을 〈보기〉에서 알맞게 고른 것은?

기업이 생산 및 영업 활동을 하면서 환경경영, 윤리경영, 사회공헌과 노동자를 비롯한 지역 사회 등 사회 전체의 이익을 동시에 추구하며 그에 따라 의사결정 및 활동을 하는 것

〈보기〉
㉠ 장난감 제조업체인 A사는 자사 공장에서의 아동 노동을 금지하는 규정을 제정하고 시행하였다.
㉡ 가공식품 회사인 B사는 생산 원가를 낮추기 위해 공장을 해외로 이전하기로 하였다.
㉢ 무역회사인 C사는 매년 소재지의 학교와 문화 시설에 상당액을 기부하고 있다.
㉣ 자동차 회사인 D사는 구조 조정을 명분으로 상당수의 직원을 해고하였다.

① ㉠㉡
② ㉠㉢
③ ㉡㉢
④ ㉡㉣

>> 기계 · 전기일반

51 두 벡터 $A = ix + j2$, $B = i3 - j3 - k$가 서로 직교하려면 x값이 얼마여야 하는가?

① 1.5 ② 1

③ 2 ④ 0.5

52 전기력선에 관한 설명으로 옳지 않은 것은?

① 도체면에서 전기력선은 수직으로 출입한다.

② 전기력선의 방향은 그 점의 전계의 방향과 일치한다.

③ 전기력선은 정전하에서 시작하여 부전하에서 그친다.

④ 전기력선은 항상 쌍으로 존재한다.

53 무한한 길이의 선전하가 1[m]당 $+\rho[C]$의 전하량을 가질 경우 이 직선도체에서 r[m] 떨어진 점의 전위[V]는?

① 0이다.

② r에 비례한다.

③ r에 반비례한다.

④ ∞이다.

54 $1[\mu F]$의 콘덴서를 $80[V]$, $2[\mu F]$의 콘덴서를 $50[V]$로 충전하고 이들을 병렬로 연결할 때의 전위차는 몇 [V] 인가?

① 80

② 75

③ 70

④ 60

55 정전용량 10[μF]인 콘덴서 양단에 200[V]의 전압을 가했을 때 콘덴서에 축적되는 에너지는?

① 0.2[J]

② 2[J]

③ 4[J]

④ 20[J]

56 전계의 세기 50[V/m], 전속밀도 100[C/m^2]인 유전체의 단위체적당 축적되는 에너지는?

① 2[J/m^3]

② 250[J/m^3]

③ 2,500[J/m^3]

④ 5,000[J/m^3]

57 공심 솔레노이드의 내부 자기장의 세기가 5,000[AT/m]일 때 자속밀도는? (단, 비투자율 $\mu_R = 1$)

① 5.02×10^{-3}[Wb/m^2]

② 6.28×10^{-3}[Wb/m^2]

③ 10.4×10^{-3}[Wb/m^2]

④ 12.5×10^{-3}[Wb/m^2]

58 단면적이 9[cm^2]인 자로에 공극이 2[mm]일 때 자기저항은? (단, $\mu_R = 1$)

① 1.77

② 1.77×10^3

③ 1.77×10^6

④ 1.77×10^{-6}

59 길이 1[cm]당 5회 감은 무한장 솔레노이드가 있다. 여기에 전류를 흘렸을 경우 솔레노이드 내부 자장의 세기가 100[AT/m] 이었다면 솔레노이드에 흐른 전류는 얼마인가?

① 0.1[A] ② 0.2[A]

③ 0.3[A] ④ 2[A]

60 인덕턴스의 크기가 각각 20[mH], 80[mH]인 두 코일이 이상결합되어 있을 경우 코일 사이에 작용하는 상호인덕턴스 [mH]는?

① 4 ② 16

③ 40 ④ 400

61 권수가 400인 코일에 1초 사이에 10[Wb]의 자속이 변화할 경우 코일에 발생하는 유도기전력은?

① 1,000[V] ② 2,000[V]

③ 3,000[V] ④ 4,000[V]

62 다음 회로의 AB의 합성저항은?

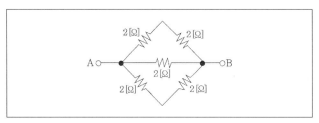

① 1[Ω] ② 2[Ω]

③ 4[Ω] ④ $\frac{1}{2}$[Ω]

63 다음 중 기전력이 E[V], 내부저항이 r[Ω]인 전지에 부하저항 R[Ω]을 접속했을 때 흐르는 전류 I는 몇 [A]인가?

① $\frac{E}{R+r}$

② $\frac{rE}{R+r}$

③ $\frac{RE}{R+r}$

④ $\frac{E}{R-r}$

64 R[Ω]인 3개의 저항이 △결선으로 되어 있을 때 Y결선으로 환산하면 1상의 저항 [Ω]은?

① $\frac{R}{\sqrt{3}}$

② $\sqrt{3}\,R$

③ $3R$

④ $\frac{R}{3}$

65 파고율을 구하고자 할 때 사용하는 공식으로 옳은 것은?

① $\frac{실횻값}{평균값}$

② $\frac{최댓값}{실횻값}$

③ $\frac{평균값}{실횻값}$

④ $\frac{실횻값}{최댓값}$

66 $v = 100\sin 100\pi t$ [V]의 교류에서 실효치 전압 V와 주파수 f를 옳게 표시한 것은?

① $V = 70.7$[V], $f = 60$[Hz]

② $V = 70.7$[V], $f = 50$[Hz]

③ $V = 100$[V], $f = 60$[Hz]

④ $V = 100$[V], $f = 50$[Hz]

67 정현파 교류의 최댓값이 I_m일 때 플러스의 반주기만 흐르는 맥류파형의 평균값은?

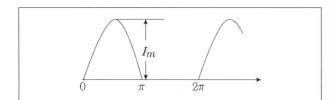

① $\dfrac{1}{\pi} \times I_m$

② $\pi \times I_m$

③ $\dfrac{2}{\pi} \times I_m$

④ $\dfrac{1}{2\pi} \times I_m$

68 다음과 같은 RLC 직렬회로의 각 소자의 양단전압을 측정한 결과 $V_R = 30$[V], $V_L = 50$[V], $V_C = 10$[V]이었다. a – b 사이의 전압 V는 몇 [V]인가?

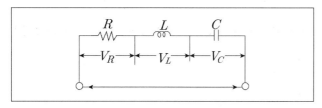

① 20[V]

② 50[V]

③ 70[V]

④ 90[V]

69 임피던스가 $4 + j5$[Ω]인 RL 직렬회로에 100[V]의 교류 전압을 인가할 때 유효전력은?

① 980[W]

② 1,290[W]

③ 1,610[W]

④ 1,800[W]

70 불평형 3상 4선식의 3상전류가 $I_a = 18 + j4$[A], $I_b = -28 + j24$[A], $I_c = -8 - j22$[A]일 때 중성선 전류 I_n [A]는 얼마인가?

① $18 + j6$

② $-18 + j6$

③ $54 + j50$

④ $-54 - j50$

71 다음과 같은 회로가 정저항 회로가 되기 위한 L [H]의 값은? (단, $R = 10$[Ω], $C = 100[\mu F]$)

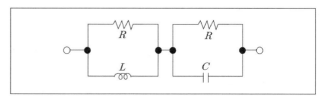

① 10

② 2

③ 0.1

④ 0.01

72 $10\sqrt{2}\sin3\pi t$[V]를 기본파로 하는 비정현주기파의 제5고조파 주파수 [Hz]를 구하면?

① 5.5

② 6.5

③ 7.5

④ 8.5

73 $f(t)=t^2$의 라플라스 변환은?

① $\dfrac{2}{s^4}$

② $\dfrac{2}{s^3}$

③ $\dfrac{2}{s^2}$

④ $\dfrac{2}{s}$

74 $f(t)=At^2$의 라플라스 변환으로 옳은 것은?

① $\dfrac{2A}{s^3}$

② $\dfrac{A}{s^3}$

③ $\dfrac{2A}{s^2}$

④ $\dfrac{A}{s^2}$

75 RL 직렬회로에 $t=0$에서 직류전압 V[V]를 가한 후 $\dfrac{L}{R}$ [s] 후의 전류의 값은 몇 [A]인가?

① $\dfrac{V}{R}$

② $0.368\dfrac{V}{R}$

③ $0.5\dfrac{V}{R}$

④ $0.632\dfrac{V}{R}$

76 다음 중 기계제작과정으로 옳은 것은?

① 생산계획 → 설계 → 가공 → 조립 → 검사 → 출하 → 도장

② 설계 → 가공 → 생산계획 → 조립 → 도장 → 검사 → 출하

③ 설계 → 생산계획 → 가공 → 조립 → 검사 → 도장 → 출하

④ 설계 → 출하 → 도장 → 검사 → 생산계획 → 가공 → 조립

77 용융금속을 금형에 사출하여 압입하는 영구주형 주조 방법으로 주물 치수가 정밀하고 마무리 공정이나 기계가공을 크게 절감시킬 수 있는 공정은?

① 사형 주조

② 인베스트먼트 주조

③ 다이캐스팅

④ 연속 주조

78 소성가공의 종류 중 압출가공에 대한 설명으로 옳은 것은?

① 소재를 용기에 넣고 높은 압력을 가하여 다이 구멍으로 통과시켜 형상을 만드는 가공법

② 소재를 일정 온도 이상으로 가열하고 해머 등으로 타격하여 모양이나 크기를 만드는 가공법

③ 원뿔형 다이 구멍으로 통과시킨 소재의 선단을 끌어당기는 방법으로 형상을 만드는 가공법

④ 회전하는 한 쌍의 롤 사이로 소재를 통과시켜 두께와 단면적을 감소시키고 길이 방향으로 늘리는 가공법

79 소성가공에서 이용하는 재료의 성질로 옳지 않은 것은?

① 가소성

② 가단성

③ 취성

④ 연성

80 가스 용접에 대한 설명으로 옳지 않은 것은?

① 전기를 필요로 하며 다른 용접에 비해 열을 받는 부위가 넓지 않아 용접 후 변형이 적다.

② 표면을 깨끗하게 세척하고 오염된 산화물을 제거하기 위해 적당한 용제가 사용된다.

③ 기화용제가 만든 가스 상태의 보호막은 용접할 때 산화작용을 방지할 수 있다.

④ 가열할 때 열량 조절이 비교적 용이하다.

81 절삭가공에 대한 설명으로 옳지 않은 것은?

① 초정밀가공(Ultra−Precision Machining)은 광학 부품 제작 시 단결정 다이아몬드 공구를 사용하여 주로 탄소강의 경면을 얻는 가공법이다.

② 경식선삭(Hard Turning)은 경도가 높거나 경화처리된 금속재료를 경제적으로 제거하는 가공법이다.

③ 열간절삭(Thermal Assisted Machining)은 소재에 레이저빔, 플라즈마아크 같은 열원을 집중시켜 절삭하는 가공법이다.

④ 고속절삭(High−Speed Machining)은 강성과 회전정밀도가 높은 주축으로 고속 가공함으로써 공작물의 열팽창이나 변형을 줄일 수·있는 이점이 있는 가공법이다.

82 나사의 바깥지름이 20mm, 나사드릴의 지름이 16.5mm이면 피치는 얼마인가?

① 2.5

② 3

③ 3.5

④ 4

83 입도가 작고 연한 연삭 입자를 공작물 표면에 접촉시킨 후 낮은 압력으로 미세한 진동을 주어 초정밀도의 표면으로 다듬질하는 가공은?

① 호닝

② 숏피닝

③ 슈퍼피니싱

④ 와이어 브러싱

84 기계요소 제작 시, 측정 정밀도가 우수한 삼침법(Three Wire Method)과 오버핀법(Over Pin Method)의 적용범위로 옳은 것은?

	삼침법	오버핀법
①	수나사의 피치 측정	기어의 이두께 측정
②	수나사의 피치 측정	기어의 압력각 측정
③	수나사의 유효지름 측정	기어의 이두께 측정
④	수나사의 유효지름 측정	기어의 압력각 측정

85 재료의 비파괴시험에 해당하는 것은?

① 인장시험

② 피로시험

③ 방사선 탐상법

④ 샤르피 충격시험

86 다음 설명에 해당하는 경도시험법은?

> • 끝에 다이아몬드가 부착된 해머를 시편의 표면에 낙하시켜 반발 높이를 측정한다.
> • 경도값은 해머의 낙하 높이와 반발 높이로 구해진다.
> • 시편에는 경미한 압입자국이 생기며, 반발 높이가 높을수록 시편의 경도가 높다.

① 누우프 시험(Knoop Test)
② 쇼어 시험(Shore Test)
③ 비커스 시험(Vickers Test)
④ 로크웰 시험(Rockwell Test)

87 회주철의 부족한 연성을 개선하기 위해 용탕에 직접 첨가물을 넣음으로써 흑연을 둥근 방울형태로 만들 수 있다. 이와 같이 흑연이 구상으로 되는 구상흑연주철을 만들기 위해 첨가하는 원소로서 가장 적합한 것은 어느 것인가?

① P
② Mn
③ Si
④ Mg

88 비철금속인 구리, 아연, 알루미늄, 황동의 특성에 대한 설명 중 옳지 않은 것은?

① 구리는 열과 전기의 전도율은 좋으나 기계적 강도가 낮다.
② 황동은 구리와 아연의 합금이며 주조와 압연이 용이하다.
③ 아연은 비중이 2.7 정도로 알루미늄보다 가벼우며, 매우 연한 성질을 가지고 있다.
④ 알루미늄은 공기나 물속에서 표면에 얇은 산화피막을 형성 할 때 내부식성이 우수하다.

89 윤활제의 작용 중 옳지 않은 것은?

① 피스톤과 실린더 틈의 밀봉작용, 청정작용, 밀폐작용을 한다.
② 동력을 전달한다.
③ 마찰부분의 열을 제거한다.
④ 마찰부분을 윤활한다.

90 복합재료의 특성으로 옳은 것은?

① 대량생산이 불가능하다
② 우주항공용 부품, 고급 스포츠용품 등에 사용하지 못한다.
③ 가볍고 낮은 강도를 가지고 있다.
④ 이방성 재료이다.

91 큰 토크를 전달할 수 있어 자동차의 속도 변환 기구에 주로 사용되는 것은?

① 원뿔 키(cone key)
② 안장 키(saddle key)
③ 평 키(flat key)
④ 스플라인(spline)

92 두 축의 중심선을 일치시키기 어려운 경우, 두 축의 연결부위에 고무, 가죽 등의 탄성체를 넣어 축의 중심선 불일치를 완화하는 커플링은?

① 유체 커플링
② 플랜지 커플링
③ 플렉시블 커플링
④ 유니버설 조인

93　무단 변속장치에 이용되는 마찰차가 아닌 것은?

① 원판 마찰차

② 원통 마찰차

③ 원뿔 마찰차

④ 구면 마찰차

94　축압 브레이크의 일종으로, 회전축 방향에 힘을 가하여 회전을 제동하는 제동 장치는?

① 드럼 브레이크

② 밴드 브레이크

③ 블록 브레이크

④ 원판 브레이크

95　진동원과 배관과의 완충이 필요하거나 온도의 변화가 심한 고온인 곳에서 사용되는 이음은?

① 나사식 관 이음

② 플랜지 이음

③ 신축형 관 이음

④ 소켓 이음

96　고압 증기터빈에서 저압 증기터빈으로 유입되는 증기의 건도를 높여 상대적으로 높은 보일러 압력을 사용할 수 있게 하고, 터빈 일을 증가시키며, 터빈 출구의 건도를 높이는 사이클은?

① 재열 사이클(Reheat Cycle)

② 재생 사이클(Regenerative Cycle)

③ 과열 사이클(Superheat Cycle)

④ 스털링 사이클(Stirling Cycle)

97　유체기계를 운전할 때, 유체의 흐름상태가 층류인지 난류인지를 판정하는 척도가 되는 무차원 수인 레이놀즈 수(Reynolds Number)의 정의에 대한 설명으로 옳은 것은?

① 관성력과 표면장력의 비

② 관성력과 탄성력의 비

③ 관성력과 점성력의 비

④ 관성력과 압축력의 비

98　얼음을 생산할 목적으로 물을 얼리는 방법은?

① 냉장

② 냉동

③ 냉각

④ 제빙

99　호스트가 이동하는 크레인 빔의 양 끝에 지지각을 걸치고 그 하부에 주행 차륜을 설치하여 궤도를 주행하는 크레인은?

① 크롤러 크레인

② 다리형 크레인

③ 트럭 크레인

④ 데릭 크레인

100　래머, 프로그래머, 탬퍼는 어느 방식의 다짐기계인가?

① 충격식 다짐기계

② 전압식 다짐기계

③ 선동식 다짐기계

④ 비충격식 다짐기계

부산교통공사 봉투모의고사 OMR카드

1	① ② ③ ④ ⑤	21	① ② ③ ④ ⑤	41	① ② ③ ④ ⑤	61 ① ② ③ ④ ⑤	81 ① ② ③ ④ ⑤
2	① ② ③ ④ ⑤	22	① ② ③ ④ ⑤	42	① ② ③ ④ ⑤	62 ① ② ③ ④ ⑤	82 ① ② ③ ④ ⑤
3	① ② ③ ④ ⑤	23	① ② ③ ④ ⑤	43	① ② ③ ④ ⑤	63 ① ② ③ ④ ⑤	83 ① ② ③ ④ ⑤
4	① ② ③ ④ ⑤	24	① ② ③ ④ ⑤	44	① ② ③ ④ ⑤	64 ① ② ③ ④ ⑤	84 ① ② ③ ④ ⑤
5	① ② ③ ④ ⑤	25	① ② ③ ④ ⑤	45	① ② ③ ④ ⑤	65 ① ② ③ ④ ⑤	85 ① ② ③ ④ ⑤
6	① ② ③ ④ ⑤	26	① ② ③ ④ ⑤	46	① ② ③ ④ ⑤	66 ① ② ③ ④ ⑤	86 ① ② ③ ④ ⑤
7	① ② ③ ④ ⑤	27	① ② ③ ④ ⑤	47	① ② ③ ④ ⑤	67 ① ② ③ ④ ⑤	87 ① ② ③ ④ ⑤
8	① ② ③ ④ ⑤	28	① ② ③ ④ ⑤	48	① ② ③ ④ ⑤	68 ① ② ③ ④ ⑤	88 ① ② ③ ④ ⑤
9	① ② ③ ④ ⑤	29	① ② ③ ④ ⑤	49	① ② ③ ④ ⑤	69 ① ② ③ ④ ⑤	89 ① ② ③ ④ ⑤
10	① ② ③ ④ ⑤	30	① ② ③ ④ ⑤	50	① ② ③ ④ ⑤	70 ① ② ③ ④ ⑤	90 ① ② ③ ④ ⑤
11	① ② ③ ④ ⑤	31	① ② ③ ④ ⑤	51	① ② ③ ④ ⑤	71 ① ② ③ ④ ⑤	91 ① ② ③ ④ ⑤
12	① ② ③ ④ ⑤	32	① ② ③ ④ ⑤	52	① ② ③ ④ ⑤	72 ① ② ③ ④ ⑤	92 ① ② ③ ④ ⑤
13	① ② ③ ④ ⑤	33	① ② ③ ④ ⑤	53	① ② ③ ④ ⑤	73 ① ② ③ ④ ⑤	93 ① ② ③ ④ ⑤
14	① ② ③ ④ ⑤	34	① ② ③ ④ ⑤	54	① ② ③ ④ ⑤	74 ① ② ③ ④ ⑤	94 ① ② ③ ④ ⑤
15	① ② ③ ④ ⑤	35	① ② ③ ④ ⑤	55	① ② ③ ④ ⑤	75 ① ② ③ ④ ⑤	95 ① ② ③ ④ ⑤
16	① ② ③ ④ ⑤	36	① ② ③ ④ ⑤	56	① ② ③ ④ ⑤	76 ① ② ③ ④ ⑤	96 ① ② ③ ④ ⑤
17	① ② ③ ④ ⑤	37	① ② ③ ④ ⑤	57	① ② ③ ④ ⑤	77 ① ② ③ ④ ⑤	97 ① ② ③ ④ ⑤
18	① ② ③ ④ ⑤	38	① ② ③ ④ ⑤	58	① ② ③ ④ ⑤	78 ① ② ③ ④ ⑤	98 ① ② ③ ④ ⑤
19	① ② ③ ④ ⑤	39	① ② ③ ④ ⑤	59	① ② ③ ④ ⑤	79 ① ② ③ ④ ⑤	99 ① ② ③ ④ ⑤
20	① ② ③ ④ ⑤	40	① ② ③ ④ ⑤	60	① ② ③ ④ ⑤	80 ① ② ③ ④ ⑤	100 ① ② ③ ④ ⑤

성명

생년월일

⓪	①	②	③	④	⑤	⑥	⑦	⑧	⑨
⓪	①	②	③	④	⑤	⑥	⑦	⑧	⑨
⓪	①	②	③	④	⑤	⑥	⑦	⑧	⑨
⓪	①	②	③	④	⑤	⑥	⑦	⑧	⑨
⓪	①	②	③	④	⑤	⑥	⑦	⑧	⑨
⓪	①	②	③	④	⑤	⑥	⑦	⑧	⑨
⓪	①	②	③	④	⑤	⑥	⑦	⑧	⑨
⓪	①	②	③	④	⑤	⑥	⑦	⑧	⑨

부산교통공사
운전직
- 제 02 회 모의고사 -

영 역	• NCS : 의사소통, 수리, 문제해결, 자원관리, 정보능력
	• 전공 : 기계 · 전기일반
문항수	총 100문항
비 고	객관식 4지선다형

• 문제지 및 답안지의 해당란에 문제유형, 성명, 응시번호를 정확히 기재하세요.

• 모든 기재 및 표기사항은 "컴퓨터용 흑색 수성 사인펜"만 사용합니다.

• 예비 마킹은 중복 답안으로 판독될 수 있습니다.

1   다음 밑줄 친 어휘의 쓰임이 가장 적절하지 않은 것은?

> 앞으로는 사물인터넷(IoT)을 통해 열차 상태를 실시간으로 ㉠점검해 열차고장을 사전에 ㉡방지하고, 드론을 활용해 교량, 송전철탑 등 위험한 구간의 시설을 관리하는 등 철도 분야의 안전관리가 첨단화·과학화될 ㉢전망이다. 국토교통부가 4차 산업혁명 기술을 철도안전 분야에 ㉣후차적으로 도입해 철도안전 수준을 향상하기 위한 '스마트(SMART) 철도안전관리체계 구축 기본계획(2018 ~ 2027)'을 수립했다. 국토부의 스마트(SMART) 시스템은 선진화된 철도교통을 위한 지능적이고 안전한 관리체계(Smart & Safe Management System for Advanced Rail Transpor)를 줄인 말이다.

① ㉠   ② ㉡
③ ㉢   ④ ㉣

2   다음 밑줄 친 외래어의 맞춤법이 틀린 것은?

① 나는 부대 고참에게 외출 턱으로 줄 담배와 약간의 <u>캐러멜</u>을 준비하고 정확한 시간에 귀대했다.
② 윤두명은 타워 호텔의 <u>커피숍</u>에서 한나절을 앉아 있었는데 거기서 유명희를 처음 보았다고 했다.
③ 그는 <u>포크레인</u>을 조작하고 있었다.
④ 친구는 민수의 생일을 축하하며 <u>케이크</u>를 선물했다.

3   다음은 현장설비에 관한 내용이다. 빈칸에 공통적으로 들어갈 단어로 가장 적절한 것은?

> • 자동열차운전보조장치(ATOS)
>   열차의 자동운행과 관련된 설비로서 차상과의 상호 통신을 하여 차상으로부터 수신된 정보를 TTC장치로 전송하고 정차시분알림 등 및 정위치정차 등을 (   )하는 장치입니다.
> • 열차정보전송장치(TWC)
>   역 승강장에 설치되어 열차의 정보를 지상설비로 전송하는 장치로서 열차번호, 행선 등의 열차정보를 TTC장치 및 연동장치에 전송하여 자동진로 및 정차시간을 (   )할 수 있게 하는 장치입니다.

① 절제   ② 제어
③ 억제   ④ 제동

4   다음은 철도안전법령의 일부이다. 밑줄 친 단어의 한자어 표기가 옳지 않은 것은?

> 제38조의5(철도차량의 이력관리)
> ① 소유자 등은 보유 또는 <u>운영</u>하고 있는 철도차량과 관련한 제작, 운용, 철도차량정비 및 폐차 등 이력을 관리하여야 한다.
> ② ①에 따라 이력을 관리하여야 할 철도차량, 이력관리 항목, 전산망 등 관리체계, 방법 및 절차 등에 필요한 사항은 국토교통부장관이 정하여 <u>고시</u>한다.
> ③ 누구든지 ①에 따라 관리하여야 할 철도차량의 이력에 대하여 다음의 행위를 하여서는 아니 된다.
> • 이력사항을 고의 또는 과실로 입력하지 아니하는 행위
> • 이력사항을 <u>위조</u>·변조하거나 고의로 훼손하는 행위
> • 이력사항을 무단으로 외부에 제공하는 행위
> ④ 소유자 등은 ①의 이력을 국토교통부장관에게 정기적으로 <u>보고</u>하여야 한다.
> ⑤ 국토교통부장관은 ④에 따라 보고된 철도차량과 관련한 제작, 운용, 철도차량정비 및 폐차 등 이력을 체계적으로 관리하여야 한다.

① 운영 – 運營   ② 보고 – 寶庫
③ 고시 – 告示   ④ 위조 – 僞造

5 다음 글의 중심 내용으로 가장 적절한 것은?

공간 개념에 대한 필자의 관심은 한국적인 공간 개념의 특징을 찾는 데서 시작되었다. 공간 개념은 보편적인 것이면서도 각 문화권마다 특유의 내용을 담고 있으리라 생각했기에, 우리나라의 자연적인 조건들과 문화적인 여건들에 의해서 형성된 공간 개념이 어떤 것인가를 알아보고자 하였다. 그러한 관심의 결과로서 얻은 것이 이미 발표한 바 있는 '궁극(窮極)의 공간'이란 개념으로 표현된 것이었다. 그것은 가장 '인간적인 공간'이라고 할 수도 있다. 우리 인간에게는 단순한 생존을 계속하기 위해 필요한 공간만도 아니고 생산 및 경제 활동을 위한 공간만도 아닌 '제3의 공간'이 있어야 한다. 그래야 비로소 인간다운 생활을 할 수 있다. 그것은 창작 활동을 위한 공간, 조용히 명상하는 공간, 인간의 정신생활을 풍부하게 해 주는 여유의 공간을 뜻한다. 그러므로 그것은 인간 생활에서 필요로 하는 궁극의 공간인 것이다.

생활에 여유를 주는 공간이라면 더 큰 공간일수록 좋으리라는 생각을 할 수도 있다. 한국적 공간 개념에는 그와 같은 여유를 추구하면서도 그것이 큰 공간일수록 좋다는 생각은 포함되어 있지 않은 것 같다. 왜 여유의 공간을 넓은 공간으로 생각하지 않았을까? 우리의 국토가 너무 좁기 때문이었을까? 넓은 공간을 유지하기에는 너무 가난했기 때문이었을까? 이러한 부정적 해답도 가능할 것이다. 그것을 긍정적으로 받아들여서 적극적인 가치 부여를 한다면 거기에는 아주 중요한 사상적 근거가 전제되어 있음을 발견할 수 있다. 그것은 한 마디로 말하자면 자연과 인간이 조화를 이루어야 한다는 사상이다. 가장 인간을 위하는 공간은 곧 가장 자연을 위하는 공간이 되어야 한다는 사상이다. 〈중략〉

이제는 그러한 팽창 위주의 건축 행위가 무제한 계속될 수 없다는 사실에 부딪히게 되었다. 인간의 요구 조건만이 아니라 자연의 필요조건도 들어주어야 한다는 것을 인식하게 되었다. 새로운 공간 설계를 원하는 고객도 그것만으로는 충분하지 않다는 생각을 하게 되었다. 우리의 건축 행위가 적극적으로 어떤 가치를 만들어 내느냐도 생각해야 하지만 그것으로 인해서 어떤 부정적 결과가 야기되는지도 고려해 봐야 한다는 뜻이다.

① 공간 설계의 문제점
② 여유 공간의 필요성
③ 한국적 공간 개념의 한계
④ 자연과 조화를 이루는 공간 개념

6 다음 글을 통해 알 수 있는 것으로 적절하지 않은 것은?

몇 년 전 미국의 주간지 「타임」에서는 올해 최고의 발명품 중 하나로 '스티키봇(Stickybot)'을 선정했다. 이 로봇 기술의 핵심은 한 방향으로 힘을 가하면 잘 붙어 떨어지지 않지만 다른 방향에서 잡아당기면 쉽게 떨어지는 방향성 접착성 화합물의 구조를 가진 미세한 섬유 조직으로, 도마뱀의 발바닥에서 착안한 것이다.

스티키봇처럼 살아 있는 생물의 행동이나 구조를 모방하거나 생물이 만들어내는 물질 등을 모방함으로써 새로운 기술을 만들어 내는 학문을 생체 모방 공학(biomimetics)이라고 한다. 이는 '생체(bio)'와 '모방(mimetics)'이란 단어의 합성어이다. 그 어원에서 알 수 있듯이 생체 모방 공학은 자연에 대한 체계적이고 조직적인 모방이다.

칼과 화살촉 같은 사냥 도구가 육식 동물의 날카로운 발톱을 모방해 만든 것이라고 한다면 생체 모방의 역사는 인류의 탄생과 함께 시작되었다고 해도 과언이 아니다. 이렇듯 인간의 모방은 인류 문명의 발전에 기여해 왔고, 이는 앞으로도 계속될 것이다. 그러므로 우리는 일상생활 속에서 '철조망이 장미의 가시를 모방한 것은 아닐까?', '갑옷은 갑각류의 딱딱한 외피를 모방한 것은 아닐까?' 하는 의문을 가져 보기도 하고, 또 이를 통해 다른 생명체를 모방할 수 있는 방법을 생각해 보기도 하는 태도를 기를 필요가 있다.

① 스티키봇의 핵심 기술
② 생체 모방 공학의 개념
③ 생체 모방 공학의 어원
④ 육식 동물과 초식 동물의 차이

▌7 ~ 8▐ 아래의 글을 읽고 이어지는 물음에 답하시오

한 언어의 어휘 체계는 크게 고유어와 외래어로 나눌 수 있다. 고유어는 그 언어가 본래부터 가지고 있던 어휘이며 외래어는 다른 언어에서 받아들인 어휘이다. 즉 외래어란 외국어 중에서 국어에 동화되어 국어로 사용되는 어휘들을 이른다. 외래어에 대한 이 풀이 속에는 외래어의 중요한 특징 두 가지가 포함되어 있다. 하나는 외래어가 국어에 본래부터 있던 어휘가 아니라 외국어에서 들어온 말이라는 것이고, 다른 하나는 국어 생활 속에 쓰이면서부터는 외국어가 아니라 국어에 속한다는 것이다.

외래어는 어떤 과정을 통해서 들어왔는가? 외래어는 외국 문화와의 접촉에서 생겨난다. 이 세상 어떤 민족도 주변의 다른 문화와 단절된 채 살아갈 수는 없으므로 모든 민족, 모든 문화는 많든 적든 외래 문물을 받아들이게 된다. 어떤 사회에 주변의 다른 문화로부터 새로운 문물이나 제도가 들어오면 그것을 지시하는 말이 필요하게 되는데, 대개는 새로운 문물과 함께 그것을 지시하는 말도 따라 들어오게 된다. 예를 들어 '컴퓨터'라는 물건이 우리나라에 들어올 때, 그것을 지시하는 'Computer'라는 말도 함께 들어와서 우리말의 외래어로 정착하게 된 것이다. 또한 컴퓨터가 급속히 보급되면서 컴퓨터를 이용한 통신이 활발히 이루어짐에 따라 '이메일(e-mail)', '인터넷(internet)' 같은 통신 관련 용어들이 우리 주변에서 흔히 접할 수 있는 외래어가 되었다.

외래어는 대개 다음의 과정을 거치면서 우리말에 정착된다. 먼저 어떤 하나의 외국어가 우리말에 유입되면, 그것은 얼마 동안 발음이나 의미 모두 본래의 외국어 모습 그대로를 유지한 채 쓰이게 된다. 그러다가 점차 언중(言衆)들이 사용하는 빈도가 높아지게 되면, 발음이나 형태 등이 국어와 상당히 비슷한 모습으로 변하게 되는데, 이것을 차용어라고 한다. 이후 이것이 우리 생활 속에 자리 잡으면, 본래 그것의 언어적 특징을 잃어버리고 우리말의 체계 속에 들어와 완전히 정착하게 된다. 이러한 단계에 이른 외래어를 귀화어라고 하는데, 이것은 우리말의 고유어와 다름없이 쓰이는 말들이다.

일반적으로 사람들이 외래어라고 인식하는 것들은 차용어에 속하는 어휘들이며, 20세기 이후에 주로 영어 등 서양의 언어에서 들어온 말들이 대부분이다. 반면, 귀화어에 속하는 어휘들은 우리말에 들어온 지 오래되어 사람들이 외래어라는 생각을 하지 못하고 사용하는 경우가 많다. 그 예로 대부분의 한자어를 들 수 있다. 국어 어휘의 약 60% 정도를 차지한다고 하는 한자어들도 엄밀히 따지면 먼 옛날 중국어로부터 들어온 외래어들이다. 또한, '붓(←중국어 筆)', '고무(←프랑스어 gomme)', '가방(← 네덜란드어 kabas)', '빵(←포르투갈어 pão)' 등도 외래어라고 하면 의아하게 생각하는 사람이 많겠지만, 사실 이 어휘도 우리 고유어가 아닌 외국에서 들어온

말들이다.

이론적으로는 외래어가 외국어와 구분되는 것으로 보이지만 실제로는 구분이 쉽지 않다. 특정 단어가 외래어인지 외국어인지에 대한 판단은 외국어에 대한 지식의 정도나 개인이 가지고 있는 직업 또는 관심사 등에 따라서도 달라질 수 있기 때문이다. 예를 들어 '텔레비전', '라디오', '커피', '피아노' 등의 어휘는 누구든지 외래어로 인정하지 않을 수 없겠지만, '보스(Boss)', '오너(Owner)', '루머(Rumor)', '비전(Vision)' 등에 대해서는 사람마다 생각이 다를 수 있을 것이다. 실제로 이런 어휘들은 국어사전에 따라 표제어로 실리기도 하고 그렇지 않기도 한다.

7   다음 중 위 글에서 확인할 수 없는 것은 무엇인가?

① 외래어의 개념

② 외래어의 특징

③ 외래어의 정착 과정

④ 외래어의 수용 방안

8   위 글로 미루어 알 수 있는 내용으로 적절하지 않은 것을 고르면?

① 외래어는 본래 발음이나 형태가 달라질 수 있다.

② 유입된 시기가 오래된 외래어는 고유어로 착각할 수 있다.

③ 누구나 외래어라고 인정한 어휘만이 국어사전에 오를 수 있다.

④ 외래어라고 판단할 수 있는 객관적 기준은 마련되어 있지 않다.

9   다음 나열된 숫자의 규칙을 찾아 빈칸에 들어가기 적절한 수를 고르면?

1	2	6	15	31	56	( )

① 68   ② 80

③ 92   ④ 104

10 한 송이에 1,000원인 튤립과 한 송이에 1,200원인 국화를 합쳐서 26송이 사려고 한다. 전체 가격은 30,000원 이하로 하여 될 수 있는 한 국화를 튤립보다 많이 사려고 할 때, 국화는 최대 몇 송이까지 살 수 있는가?

① 17송이

② 18송이

③ 19송이

④ 20송이

11 아시안 게임에 참가한 어느 종목의 선수들을 A, B, C 등급으로 분류하여 전체 4천5백만 원의 포상금을 지급하려고 한다. A등급의 선수 각각은 B등급보다 2배, B등급은 C등급보다 1.5배 지급하려고 한다. A등급은 5명, B등급은 10명, C등급은 15명이라면, A등급을 받은 선수 한 명에게 지급될 금액은?

① 300만 원

② 400만 원

③ 450만 원

④ 500만 원

12 어떤 일을 甲이 혼자하면 4일, 乙이 혼자하면 8일이 걸린다. 甲과 乙이 함께 동시에 일을 시작했지만 甲이 중간에 쉬어서 일을 끝마치는 데 6일이 걸렸다고 한다. 이때 甲이 쉬었던 기간은?

① 2일

② 3일

③ 4일

④ 5일

┃13 ~ 14┃ 다음은 어느 시험의 통계사항을 나타낸 표이다. 물음에 답하시오. (단, 모든 계산은 소수점 첫째 자리에서 반올림한다.)

구분	접수인원	응시인원	합격자수	합격률
1회		2,468	1,120	57.6
2회	1,808	㉠	605	43.1
3회	2,013	1,422	㉡	34.0
4회	1,148	852	540	63.4
5회	5,057	4,197	1,120	26.7

※ 합격률 $= \dfrac{\text{합격자 수}}{\text{응시 인원}} \times 100$

13 ㉠에 들어갈 수로 알맞은 것은?

① 1,301명

② 1,398명

③ 1,404명

④ 1,432명

14 ㉡에 들어갈 수로 알맞은 것은?

① 483명

② 513명

③ 527명

④ 673명

4

| 15 ~ 16 | 다음 자료를 보고 이어지는 물음에 답하시오.

〈3D기술 분야 특허등록건수 상위 10개국의 국가별 영향력
지수와 기술력 지수〉

구분 국가	특허등록건수 (건)	영향지수	기술력지수
미국	500	( )	600.0
일본	269	1.0	269.0
독일	( )	0.6	45.0
한국	59	0.3	17.7
네덜란드	( )	0.8	24.0
캐나다	22	( )	30.8
이스라엘	( )	0.6	10.2
태국	14	0.1	1.4
프랑스	( )	0.3	3.9
핀란드	9	0.7	6.3

※ 1) 해당국가의 기술력지수 = 해당국가의 특허등록건수
× 해당국가의 영향력지수

2) 해당국가의 영향력지수 = $\dfrac{\text{해당국가의 피인용비}}{\text{전세계 피인용비}}$

3) 해당국가의 피인용비 = $\dfrac{\text{해당국가의 특허피인용건수}}{\text{해당국가의 특허등록건수}}$

4) 3D기술 분야의 전세계 피인용비는 10이다.

15 다음 중 위의 자료에 대한 올바른 설명을 〈보기〉에서 모두 고른 것은?

〈보기〉
㉠ 캐나다의 영향력지수는 미국의 영향력지수보다 크다.
㉡ 프랑스와 태국의 특허피인용건수의 차이는 프랑스와 핀란드의 특허피인용건수의 차이보다 크다.
㉢ 특허등록건수 상위 10개국 중 한국의 특허피인용건수는 네 번째로 많다.
㉣ 네덜란드의 특허등록건수는 한국의 특허등록건수의 50% 미만이다.

① ㉠㉡　　　　　② ㉠㉢
③ ㉡㉣　　　　　④ ㉠㉢㉣

16 다음 중 한국, 네덜란드, 캐나다, 이스라엘 4개 국가 중 특허피인용건수가 많은 순서부터 차례대로 나열한 것은?

① 네덜란드 − 한국 − 캐나다 − 이스라엘
② 네덜란드 − 캐나다 − 이스라엘 − 한국
③ 캐나다 − 한국 − 네덜란드 − 이스라엘
④ 캐나다 − 네덜란드 − 한국 − 이스라엘

17 문제처리능력은 문제점의 근본원인을 제거하기 위해 해결 방안을 모색하는 능력으로, 문제해결절차를 의미하는데 이 중 해결안을 사용하여 문제의 원인을 제거하는 단계는?

① 문제 도출　　　　② 해결안 개발
③ 문제 인식　　　　④ 실행 및 평가

18 비판적 사고의 개발 태도 중 결론에 도달하는데 있어서 감정적, 주관적 요소를 배제하고 경험적 증거나 타당한 논증을 근거로 하는 태도는?

① 지적 회의성　　　② 객관성
③ 체계성　　　　　④ 결단성

19 다음 설명에 해당하는 것은?

어떤 기준을 일탈함으로써 생기는 일탈 문제와 기준에 미달하여 생기는 미달문제로 대변되며 원상복귀가 필요하다. 또한 문제의 원인이 내재되어 있기 때문에 원인지향적인 문제라고도 한다.

① 발생형 문제
② 탐색형 문제
③ 찾는 문제
④ 설정형 문제

20　甲, 乙, 丙, 丁, 戊 5명은 각각 서로 다른 직업을 갖고 있다. 〈조건〉을 참고할 때 甲, 乙, 丙, 丁, 戊의 직업을 올바르게 설명한 것은?(단, 직업은 소방관, 경찰관, 간호사, 의사, 약사 5개뿐이다.)

〈조건〉
• 甲, 乙, 丙, 丁, 戊는 모두 하나의 직업만을 갖고 있다.
• 甲은 소방관과 경찰관 둘 중 하나의 직업을 갖고 있다.
• 乙은 의사이거나 약사이다.
• 丙은 丁이 일했었던 직업 중 한 가지를 직업으로 갖고 있다.
• 丁은 과거 의사, 약사로 일했으며 현재는 새로운 직업을 갖고 있다.
• 戊의 직업은 丁이 일했었던 직업이 아니다.

① 甲이 소방관일 때 丁은 의사이다.
② 乙이 약사라면 丙은 의사이다.
③ 丙은 경찰관이다.
④ 戊가 간호사라면 丁은 경찰관이어야 한다.

21　○○기업의 ◇◇팀 팀장은 총 6명의 사원(A, B, C, D, E, F)에게 각각의 업무를 분담하여 지시했다. 이에 따라 업무를 수행을 완료한 사원들의 순위가 다음 〈보기〉와 같을 때 두 번째로 업무를 완료한 사원은? (단, 동시에 업무를 완료한 사원은 없다)

㉠ 사원 C는 네 번째로 업무를 완료했다.
㉡ 사원 A는 사원 E보다 먼저 업무를 완료했다.
㉢ 사원 B는 사원 A보다 먼저 업무를 완료했다.
㉣ 사원 E는 가장 나중에 업무를 완료하지 않았다.
㉤ 사원 F는 사원 B보다 업무를 늦게 완료하지 않았다.
㉥ 사원 C는 사원 E보다 업무를 늦게 완료하지 않았다.
㉦ 사원 C는 사원 D보다 먼저 업무를 완료하였으나 사원 B보다는 나중에 업무를 완료했다.

① A　　　　　② B
③ C　　　　　④ D

22　A모직은 4 ~ 50대를 대상으로 하는 맞춤 수제정장을 주력 상품으로 판매하고 있다. 다음은 2 ~ 30대 청년층을 대상으로 하는 캐주얼 정장 시장에 진입을 시도해보자는 안건으로 진행된 회의 내용을 3C 분석표로 나타낸 표이다. 표를 보고 A모직에서 결정할 수 있는 사항으로 가장 옳지 않은 것은?

구분	내용
고객/시장 (Customer)	• 시니어 정장 시장은 정체 및 감소되는 추세이다. • 캐주얼 정장 시장은 매년 급성장 중이다. • 청년들도 기성복이 아닌 맞춤 수제정장을 찾는 경우가 있다.
경쟁사 (Competitor)	• 2 ~ 30대 캐주얼 정장 시장으로 진출할 경우 경쟁사는 외국 캐주얼 정장 기업, 캐주얼 전문 기업 등의 의류 기업 등이 포함된다. • 이미 대기업들의 캐주얼 정장시장은 브랜드 인지도, 유통, 생산 등에서 차별화된 경쟁력을 갖고 있다. • 공장 대량생산화를 통해 저렴한 가격으로 제품을 판매하고 있으며 스마트시대에 따른 디지털 마케팅을 구사하고 있다.
자사 (Company)	• 디지털마케팅 역량이 미흡하고, 신규 시장 진출 시 막대한 마케팅 비용이 들 것으로 예상된다. • 기존 시니어 정장에 대한 이미지를 탈피하기 위한 노력이 필요하다. • 오래도록 품질 좋은 수제 정장을 만들던 기술력을 보유하고 있다.

① 2 ~ 30대를 대상으로 맞춤 수제정장에 대한 설문조사를 진행한다.
② 경쟁사의 전략이 막강하고 자사의 자원과 역량은 부족하므로 진출하지 않는 것이 바람직하다.
③ 청년들도 맞춤 수제정장을 찾는 수가 많아지고 있으므로 소비되는 마케팅 비용보다 새로운 시장에서의 수입이 더 클 것으로 전망된다.
④ 대량생산되는 기성복과의 차별화를 부각시킬 수 있는 방안을 생각한다.

제 02 회 모의고사

┃23~24┃ 다음은 철도안전법 안전관리체계 관련 처분기준에 대한 내용이다. 이를 보고 이어지는 물음에 답하시오.

1) 일반기준

㉠ 위반행위의 횟수에 따른 행정처분의 가중된 부과기준은 최근 2년간 같은 위반행위로 행정처분을 받은 경우에 적용한다. 이 경우 기간의 계산은 위반행위에 대하여 행정처분을 받은 날과 그 처분 후 다시 같은 위반행위를 하여 적발된 날을 기준으로 한다.

㉡ ㉠에 따라 가중된 부과처분을 하는 경우 가중처분의 적용 차수는 그 위반행위 전 부과처분 차수의 다음 차수로 한다.

㉢ 국토교통부장관은 다음의 어느 하나에 해당하는 경우에는 개별기준에 따른 업무제한·정지 기간의 2분의 1만큼 그 기간을 줄일 수 있다.

• 위반행위가 사소한 부주의나 오류로 인한 것으로 인정되는 경우
• 위반행위자가 법 위반상태를 시정하거나 해소하기 위한 노력이 인정되는 경우
• 그 밖에 위반행위의 정도, 위반행위의 동기와 그 결과 등을 고려하여 업무제한·정지 기간을 줄일 필요가 있다고 인정되는 경우

㉣ 국토교통부장관은 다음의 어느 하나에 해당하는 경우에는 개별기준에 따른 업무제한·정지 기간의 2분의 1만큼 그 기간을 늘릴 수 있다.

• 위반의 내용 및 정도가 중대하여 공중에게 미치는 피해가 크다고 인정되는 경우
• 법 위반상태의 기간이 6개월 이상인 경우
• 그 밖에 위반행위의 정도, 위반행위의 동기와 그 결과 등을 고려하여 업무제한·정지 기간을 늘릴 필요가 있다고 인정되는 경우

2) 개별기준

위반행위	처분 기준
㉠ 거짓이나 그 밖의 부정한 방법으로 승인을 받은 경우	
• 1차 위반	승인취소
㉡ 변경승인을 받지 않고 안전관리체계를 변경한 경우	
• 1차 위반	업무정지(업무제한) 10일
• 2차 위반	업무정지(업무제한) 20일
• 3차 위반	업무정지(업무제한) 40일
• 4차 이상 위반	업무정지(업무제한) 80일
㉢ 변경신고를 하지 않고 안전관리체계를 변경한 경우	
• 1차 위반	경고
• 2차 위반	업무정지(업무제한) 10일
• 3차 이상 위반	업무정지(업무제한) 20일
㉣ 안전관리체계를 지속적으로 유지하지 않아 철도운영이나 철도시설의 관리에 중대한 지장을 초래한 경우	
• 철도사고로 인한 사망자 수	
- 1명 이상 3명 미만	업무정지(업무제한) 30일
- 3명 이상 5명 미만	업무정지(업무제한) 60일
- 5명 이상 10명 미만	업무정지(업무제한) 120일
- 10명 이상	업무정지(업무제한) 180일
• 철도사고로 인한 중상자 수	
- 5명 이상 10명 미만	업무정지(업무제한) 15일
- 10명 이상 30명 미만	업무정지(업무제한) 30일
- 30명 이상 50명 미만	업무정지(업무제한) 60일
- 50명 이상 100명 미만	업무정지(업무제한) 120일
- 100명 이상	업무정지(업무제한) 180일
• 철도사고 또는 운행장애로 인한 재산피해액	
- 5억 원 이상 10억 원 미만	업무정지(업무제한) 15일
- 10억 원 이상 20억 원 미만	업무정지(업무제한) 30일
- 20억 원 이상	업무정지(업무제한) 60일
㉤ 시정조치명령을 정당한 사유 없이 이행하지 않은 경우	
• 1차 위반	업무정지(업무제한) 20일
• 2차 위반	업무정지(업무제한) 40일
• 3차 위반	업무정지(업무제한) 80일
• 4차 이상 위반	업무정지(업무제한) 60일

23 다음 중 위의 처분기준에 관한 올바른 설명이 아닌 것은?

① 상수 : 1년 안에 같은 위반행위로 인한 처분을 받았을 경우 가중 처분을 받는구나.

② 효정 : 위반행위가 사소한 부주의나 오류로 인한 것으로 인정되는 경우 정지된 기간의 2분의 1만큼 기간이 줄어 들 수 있겠네.

③ 봉식 : 1차 위반으로 시정조치명령을 정당한 상유 없이 6개월간 지속적으로 이행하지 않았다면 최대 업무정지(업무제한) 20일의 처분을 받겠군.

④ 지예 : 철도사고로 인한 사망자 수에 따라 처분 기준이 달라지는군.

24 다음 처분기준에 관한 사항을 참고할 때 〈보기〉 중 각각의 처분에 따른 최대 기간이 옳게 짝지어진 것은?

〈보기〉
㉠ 국토교통부장관이 처분에 해당하는 기간을 늘릴 필요가 있다고 인정한 철도사고로 중상자 수가 55명 발생한 경우
㉡ 6개월 전 변경신고를 하지 않고 안전관리체계를 변경하여 처음으로 처분을 받고 다시 같은 위반 행위를 한 경우

	㉠	㉡
①	업무정지(업무제한) 120일	경고
②	업무정지(업무제한) 120일	업무정지(업무제한) 5일
③	업무정지(업무제한) 150일	업무정지(업무제한) 10일
④	업무정지(업무제한) 180일	업무정지(업무제한) 10일

25 다음 워크시트에서 연봉이 3천만 원 이상인 사원들의 총 연봉액을 구하는 함수식으로 옳은 것은?

	A	B
1	사원	연봉
2	한길동	25,000,000
3	이미순	30,000,000
4	소순미	18,000,000
5	김동준	26,000,000
6	김사라	27,000,000
7	나미수	19,000,000
8	전진연	40,000,000
9	김연지	26,000,000
10	채지수	31,000,000

① =SUMIF(B2:B10,">30000000")

② =SUMIF(B2:B10,"> 30000000")

③ =SUMIF(A2:A10,"> 30000000")

④ =SUM(B2:B10,"= 30000000")

26 다음 시트에서 수식 '=COUNTIFS(B2:B12,B3,D2:D12, D2)'의 결과 값은?

	A	B	C	D
1	성명	소속	근무연수	직급
2	윤한성	영업팀	3	대리
3	김명수	편집팀	4	대리
4	이준호	전산팀	1	사원
5	강성현	총무팀	5	과장
6	여진수	편집팀	3	대리
7	이하나	편집팀	10	팀장
8	전세라	영상팀	5	과장
9	임세형	편집팀	1	사원
10	김강우	영업팀	7	팀장
11	우영현	영업팀	1	사원
12	최민수	편집팀	4	대리

① 1 ② 2
③ 3 ④ 4

27 다음 워크시트에서 매출액[B3:B9]을 이용하여 매출 구간별 빈도수를 [F3:F6] 영역에 계산하고자 한다. 다음 중 이를 위한 배열수식으로 옳은 것은?

	A	B	C	D	E	F
1						
2		매출액		매출구간		빈도수
3		75		0	50	1
4		93		51	100	2
5		130		101	200	3
6		32		201	300	1
7		123				
8		257				
9		169				

① {=PERCENTILE(B3:B9, E3:E6)}

② {=PERCENTILE(E3:E6, B3:B9)}

③ {=FREQUENCY(B3:B9, E3:E6)}

④ {=FREQUENCY(E3:E6, B3:B9)}

28 다음 중 '자료', '정보', '지식'의 관계에 대한 설명으로 옳지 않은 것은?

① 객관적 실제의 반영이며, 그것을 전달할 수 있도록 기호화한 것을 자료라고 한다.

② 특정 상황에서 그 가치가 평가된 데이터를 정보와 지식이라고 말한다.

③ 데이터를 집적하고 체계화하여 장래의 일반적인 사항에 대비해 보편성을 갖도록 한 것을 지식이라고 한다.

④ 업무 활동을 통해 알게 된 세부 데이터를 컴퓨터로 일목요연하게 정리해 둔 것을 지식이라고 볼 수 있다.

29 다음 워크시트에서 [A1:B2] 영역을 선택한 후 채우기 핸들을 사용하여 드래그 했을 때 [A6:B6]영역 값으로 바르게 짝지은 것은?

	A	B
1	1	월요일
2	4	수요일
3		
4		
5		
6		

	A6	B6
①	15	목요일
②	16	목요일
③	15	수요일
④	16	수요일

30 정보분석에 대한 설명으로 옳지 않은 것은?

① 서로 동일하거나 차이가 없는 정보의 내용을 판단하여 새로운 해석을 할 수 있다.

② 정보를 분석함으로써 한 개의 정보로써 불분명한 사항을 다른 정보로써 명백히 할 수 있다.

③ 여러 정보를 상호 관련지어 새로운 정보를 생성해내는 활동을 정보분석이라 한다.

④ 좋은 분석이란 하나의 메커니즘을 그려낼 수 있고, 동향, 미래를 예측할 수 있는 것이어야 한다.

31 다음 중 정보의 활용형태로 옳지 않은 것은?

① 수집한 정보를 그대로 활용한다.

② 수집한 정보를 그대로 활용하되 일정한 형태로 표현하여 활용한다.

③ 수집한 정보를 일정한 형태로 재표현하여 활용한다.

④ 수집한 정보를 정리, 가공하여 활용하되 일정한 형태로 표현하여 활용한다.

32 다음 자료를 참고할 때, 남 대리가 소비하는 B 물품의 개당 가격은 얼마인가?

남 대리는 월급에서 매달 일정한 금액을 떼어 A와 B 물품을 소비한다. 예전에는 A 물품 39개와 B 물품 12개를 구입할 수 있었지만, 현재는 남 대리의 월급이 올랐고 일정하게 떼어 놓는 금액도 두 배로 늘어나 A 물품 48개와 B 물품 34개를 구입할 수 있게 되었다. A 물품의 개당 가격은 900원이다.

① 300원

② 600원

③ 1,200원

④ 2,700원

| 33 ~ 34 | 다음 완소그룹 물류창고의 책임자와 각 창고 내 보관된 제품의 코드 목록을 보고 물음에 답하시오.

책임자	제품코드번호	책임자	제품코드번호
권두완	15095N0301200013	노완희	15028S0100500023
공덕영	15051C0100200015	박근동	15123G0401800008
심근동	15012F0200900011	양균호	15026P0301100004
정용준	15113G0100100001	박동신	15051A0200700017
김영재	15033H0301300010	권현종	15081A0401500021

생산연월	생산공장		제품종류		생산순서
	지역코드	고유번호	분류코드	고유번호	
• 2111 –2021년 11월 • 2206 –2022년 6월	1 성남	A 1공장	01 주방용품	001 주걱	00001 부터 시작하여 생산순서 대로 5자리의 번호가 매겨짐
		B 2공장		002 밥상	
		C 3공장		003 쟁반	
	2 구리	D 1공장		004 접시	
		E 2공장		005 앞치마	
		F 3공장		006 냄비	
	3 창원	G 1공장	02 청소도구	007 빗자루	
		H 2공장		008 쓰레받기	
		I 3공장		009 봉투	
	4 서산	J 1공장		010 대걸레	
		K 2공장		011 TV	
		L 3공장	03 가전제품	012 전자레인지	
	5 원주	M 1공장		013 가스레인지	
		N 2공장		014 컴퓨터	
	6 강릉	O 1공장	04 세면도구	015 치약	
		P 2공장		016 치솔	
	7 진주	Q 1공장		017 샴푸	
		R 2공장		018 비누	
	8 합천	S 1공장		019 타올	
		T 2공장		020 린스	

제품코드번호

2021년 3월에 성남 3공장에서 29번째로 생산된 주방용품 앞치마 코드 2203-1C-01005-00029

$$\underbrace{2203}_{\text{(생산연월)}} - \underbrace{1C}_{\text{(생산공장)}} - \underbrace{01005}_{\text{(제품종류)}} - \underbrace{00029}_{\text{(생산순서)}}$$

33 다음 중 창원 1공장에서 생산된 제품을 보관하고 있는 물류창고의 책임자들끼리 바르게 연결된 것은?

① 김영재 – 박동신

② 정용준 – 박근동

③ 권두완 – 양균호

④ 공덕영 – 권현종

34 완소그룹의 제품 중 2022년 10월에 합천 1공장에서 36번째로 생산된 세면도구 비누의 코드로 알맞은 것은?

① 22108S0401800036

② 22108S0401600036

③ 22108T0402000036

④ 22108T0401800036

35 A부서에서 2분기 프로젝트를 맡게 되어 예산을 책정 받아 프로젝트 개발에 필요한 기자재를 구입하고 운영하고자 한다. 이때 고려해야 할 사항으로 옳지 않은 것은?

① 구매하려는 기자재의 활용 및 구입의 목적을 명확히 한다.

② 구입 후 기자재의 분실 및 훼손을 방지하기 위해 책임관리자를 지정한다.

③ 적절한 장소에 보관하여 기자재가 필요할 때 적재적소에 활용될 수 있도록 한다.

④ 예산을 기한 내 모두 집행하기 위해 향후 필요할 것으로 예상되는 기자재를 일단 구입한다.

36 다음은 일의 우선순위를 판단하는 매트릭스이다. 잘못 연결된 것을 고르면?

구분	긴급한 일	긴급하지 않은 일
중요한 일	제1사분면	제2사분면
중요하지 않은 일	제3사분면	제4사분면

① 전화를 통한 급박한 질문은 제2사분면에 해당한다.

② 마감이 다가오는 급박한 프로젝트는 제1사분면에 해당한다.

③ 새로운 기회를 발굴하는 것은 제2사분면에 해당한다.

④ 잠깐의 급한 질문을 해결하는 것은 제3사분면에 해당한다.

37 원서기업의 자재관리팀에서 근무 중인 직원 진수는 회사 행사 때 사용할 배너를 제작하는 업무를 맡아 이를 진행하려고 한다. 배너와 관련된 정보가 아래와 같을 때 배너를 설치하는 데 필요한 총 비용은 얼마인가?

• 다음은 행사 장소를 나타낸 지도이다.

• 행사 장소 : 본 건물 2관
• 배너 설치비용(배너 제작비 + 배너 거치대)
– 배너 제작비용 : 일반배너 한 장당 25,000원, 고급배너 한 장당 30,000원
– 배너 거치대 : 건물 내부용 20,000원, 건물 외부용 25,000원

(1) 배너를 설치하는 장소 : 동문·서문·남문 앞에 각 1장, 2관 내부에 2장
(2) 사장님 특별 지시사항 : 실외용은 모두 고급 배너를 사용할 것

① 250,000원 ② 255,000원
③ 260,000원 ④ 265,000원

38 J회사 관리부에서 근무하는 L씨는 소모품 구매를 담당하고 있다. 2022년 5월 중에 다음 조건하에서 A4용지와 토너를 살 때, 총 비용이 가장 적게 드는 경우는? (단, 2022년 5월 1일에는 A4용지와 토너는 남아 있다고 가정하며, 다 썼다는 말이 없으면 그 소모품들은 남아있다고 가정한다)

• A4용지 100장 한 묶음의 정가는 1만 원, 토너는 2만 원이다. (A4용지는 100장 단위로 구매함)
• J회사와 거래하는 ◇◇오피스는 매달 15일에 전 품목 20% 할인 행사를 한다.
• ◇◇오피스에서는 5월 5일에 A사 카드를 사용하면 정가의 10%를 할인해 준다.
• 총 비용이란 소모품 구매가격과 체감비용(소모품을 다 써서 느끼는 불편)을 합한 것이다.
• 체감비용은 A4용지와 토너 모두 하루에 500원이다.
• 체감비용을 계산할 때, 소모품을 다 쓴 당일은 포함하고 구매한 날은 포함하지 않는다.
• 소모품을 다 쓴 당일에 구매하면 체감비용은 없으며, 소모품이 남은 상태에서 새 제품을 구입할 때도 체감비용은 없다.

① 3일에 A4용지만 다 써서, 5일에 A사 카드로 A4용지와 토너를 살 경우

② 10일에 A4용지와 토너를 다 써서 15일에 A4용지와 토너를 같이 살 경우

③ 3일에 A4용지만 다 써서 당일 A4용지를 사고, 13일에 토너를 다 써서 15일에 토너만 살 경우

④ 13일에 A4용지와 토너를 다 써서 15일에 A4용지와 토너를 같이 살 경우

39 D회사에서는 1년에 1명을 선발하여 해외연수를 보내주는 제도가 있다. 김 부장, 최 과장, 이 과장, 오 과장, 홍 대리 5명이 지원한 가운데 〈선발 기준〉과 〈지원자 현황〉은 다음과 같을 때, 해외연수에 갈 사람은? (단, 가장 높은 점수를 받은 사람이 선발된다)

〈선발 기준〉

구분	점수	비고
외국어 성적	50점	
근무 경력	20점	15년 이상이 만점 대비 100%, 10년 이상이 15년 미만이 70%, 10년 미만이 50%이다. 단, 근무경력이 최소 5년 이상인 자만 선발 자격이 있다.
근무 성적	10점	
포상	20점	3회 이상이 만점 대비 100%, 1 ~ 2회가 50%, 0회가 0%이다.
계	100점	

〈지원자 현황〉

구분	김 부장	최 과장	이 과장	오 과장	홍 대리
근무경력	30년	20년	15년	10년	3년
포상	2회	4회	3회	0회	5회

※ 1) 외국어 성적은 김 부장과 최 과장이 만점 대비 50%이고, 오과장과 이 과장이 80%, 홍대리가 100%이다.
 2) 근무 성적은 최 과장과 이 과장이 만점이고, 김 부장, 오 과장, 홍 대리는 만점 대비 90%이다.

① 김 부장　　　　　　② 최 과장
③ 이 과장　　　　　　④ 오 과장

40 다음 사례를 특허권, 실용신안권, 디자인권, 상표권으로 구분하여 바르게 연결한 것은?

사례
㉠ 화장품의 용기모양을 물방울형, 반구형 등 다양한 디자인으로 창안하였다.
㉡ 자동차 도난을 방지하기 위해 자동차에 차량경보시스템을 발명하였다.
㉢ 노란색 바탕에 검은색 글씨로 자사의 상표를 만들었다.
㉣ 하나의 펜으로 다양한 색을 사용하기 위해 펜 내부에 여러 가지 색의 잉크를 넣었다.

	특허권	실용신안권	디자인권	상표권
①	㉠	㉢	㉡	㉣
②	㉡	㉣	㉠	㉢
③	㉢	㉡	㉣	㉠
④	㉣	㉠	㉢	㉡

41 연말 조직개편에 의해 J기업에는 새롭게 사장직속으로 지속가능개발TF팀이 신설되었다. 입사 1년차인 Y 씨는 이제 막 자신의 업무에 익숙해져 일이 할 만한데 신설TF팀으로 배정되어 어안이 벙벙하지만 일단 지속가능개발이 무엇인지에 대해 알아보기로 했다. 지속가능개발 기술에 대한 Y 씨의 메모 중 옳지 않은 것은?

① 현재 욕구를 충족시키지만, 동시에 후속 세대의 욕구 충족을 침해하지 않는 발전
② 이용 가능한 자원과 에너지를 고려하고 자원의 질을 생각하는 발전
③ 자원이 생산적인 방식으로 사용되는 가에 주의를 기울이는 기술
④ 환경오염에 대한 평가방식을 사전평가 방식에서 사후 처리방식으로 변경

42 아래 〈보기〉는 그래프 구성 명령어 실행 예시이다. 〈보기〉를 참고할 때, 다음과 제시된 그래프를 산출하기 위한 명령어는?

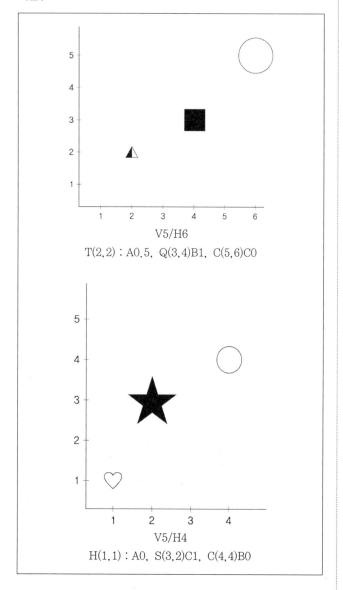

V5/H6
T(2,2) : A0.5, Q(3,4)B1, C(5,6)C0

V5/H4
H(1,1) : A0, S(3,2)C1, C(4,4)B0

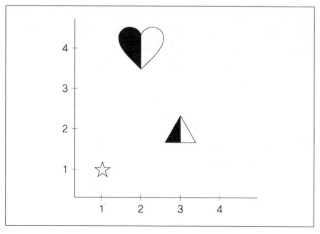

① V4/H4 H(1,1) : A0, T(4,2) : C0.5, S(2,3) : B0.5
② V4/H4 S(1,1) : A0, H(4,2) : C0.5, T(3,2) : B0.5
③ V4/H4 S(1,1) : A0, H(4,2) : C0.5, T(2,3) : B0.5
④ V4/H4 S(1,1) : A0, H(4,2) : C0.5, T(2,3) : B0

▌43 ~ 44 ▌ 다음은 전화응대 매뉴얼이다. 이를 읽고 물음에 답하시오.

〈전화응대 매뉴얼〉

1. 전화응대의 중요성
전화응대는 직접응대와 달리 목소리만으로 응대하기 때문에 더욱 신중을 기해야 한다. 목소리의 감정과 높낮이에 따라 회사의 이미지도 결정되기 때문이다.
2. 전화걸 때 매뉴얼
 1) 준비사항
  • 준비물 – 메모지/펜, 전화번호(내선목록, 전화번호부)
 2) 전화거는 요령
  • 용건은 6하 원칙으로 정리하여 메모합니다.
  • 전화번호를 확인 후 왼손으로 수화기를 들고 오른손으로 다이얼을 누릅니다.
 3) 전화응대 요령
  • 상대방이 나오면 자신을 밝힌 후 상대방을 확인합니다.
  • 간단한 인사말을 한 후 시간, 장소, 상황을 고려하여 용건을 말합니다.
 4) 전화응대 종료
  • 용건이 끝났음을 확인한 후 마무리 인사를 합니다.

• 상대방이 수화기를 내려놓은 다음 수화기를 조심스럽게 내려놓습니다.

3. 전화 받을 때 매뉴얼

구분	응대방법
준비된 응대 (1단계)	• 전화기는 왼쪽에, 펜과 메모지는 오른쪽에 둔다. • 밝은 톤의 목소리로 명량하고 경쾌하게 받는다.

정중한 응대 (2단계)	• 전화벨이 3번 이상 울리기 전에 받는다.
	  – "감사합니다. ○○○팀 ○○○입니다."
	  – "늦게 받아 죄송합니다. ○○○팀 ○○○입니다."
	• 상대방의 말을 가로막지 않는다.

성의 있는 응대 (3단계)	• 밝고 정중한 어투로 받는다.
	  – "전화주셔서 감사합니다."
	  – "○○○에 관한 말씀 주셨는데 더 궁금하신 내용은 없으십니까?"
	  – "더 필요하신 사항 있으시면 언제든지 전화 주십시오."
	• 말끝을 흐리지 않고 경어로 마무리 한다.
	  – "네↗ ○○○에 관한 내용이시군요."
	  – "네↗ ○○○ 과장 찾으십니까?"
	  – "잠시만 기다려 주십시오(정확하게 연결)"
	• 상대방이 찾는 사람이 부재중인 경우 성의 있게 응대하여 메모를 받아 놓는다.
	  – "자리에 안 계시는데 메모 남겨드리겠습니다."

성실한 응대 (4단계)	고객이 끊고 난 후 수화기를 살며시 내려놓는다 (응대완료).

43 전화 응대 매뉴얼에 따라 바르지 못한 행동을 한 사람은?

① 민영 – 과장님께서 회의에 들어가셔서 전화거신 분께 메모 남겨 드리겠다고 말씀드렸어.

② 희우 – 용건을 확인하기 위해 귀찮아 하셨지만 6하 원칙으로 여쭤보아 메모했어.

③ 찬영 – 내 담당업무가 아니어서 담당자분을 연결해드리겠다고 하고 연결해드렸어.

④ 주희 – 급하게 부장님이 찾으셔서 나중에 전화 드리겠다고 말씀드리고 끊었어.

44 다음은 전화응대에 대한 상사의 추가 피드백 사항이다. 다음 중 적절하지 않은 예시문은?

상황	추가내용
① 전화감이 좋지 않을 때	"죄송합니다만, 전화감이 멀어서 잘 못 들었습니다. 다시 한번 말씀해 주시겠습니까?"
② 찾는 사람이 다른 전화중일 때	"통화가 길어질 것 같습니다. 연락처를 주시면 전화를 드리라고 하겠습니다."
③ 타부서를 찾는 전화일 때	"전화 잘못 거셨습니다"
④ 담당자가 부재중일 때	"죄송합니다만 지금 외출(교육, 출장, 회의) 중입니다."

45 S마을에서는 마을 공동 태양광 설비를 마련하기로 하였다. 각 가구의 경제적 상황과 여건들을 감안하여 A, B, C, D 네 가구가 다음과 같은 조건으로 공동 투자를 하였다. 다음 중 A가구가 투자한 금액은 얼마인가?

• A의 투자금은 C와 D의 투자금을 합한 금액의 40%이다.
• A, B, D의 투자금을 합한 금액은 C의 투자금의 4배 금액이다.
• B는 C보다 100만 원을 더 냈다.
• A와 B의 투자금을 합한 금액이 C의 투자금의 2배와 D의 투자금을 합한 금액과 같다.

① 약 64만 원
② 약 67만 원
③ 약 70만 원
④ 약 72만 원

46 다음은 각 국의 상호 채권, 채무 관계를 나타낸 자료이다. 다음 자료에서 모든 국가가 미 달러화를 자국 화폐로 쓰지 않는 나라일 경우, 현재 상태에서 미 달러화가 평가 절상과 평가 절하가 된다면, 미 달러화 환율 감안 채권, 채무액의 자국 통화 환산가치 평가액에서 가장 이득을 보는 나라는 두 경우에 각각 어느 나라인가? (평가 절상, 평가 절하의 경우 順이며, 다른 국가와의 채권, 채무 관계는 없는 것으로 가정함)

(단위: 만 달러)

채권국 \ 채무국	A국	B국	C국	D국	E국
A국	–	100	20	70	50
B국	80	–	55	60	25
C국	120	40	–	40	50
D국	0	25	65	–	60
E국	30	20	90	0	–

① B국, E국
② D국, B국
③ B국, D국
④ E국, B국

47 다음 소비자물가 상승률을 조사한 자료의 분석 내용 ㉠ ~ ㉣ 중, 자료의 내용에 부합하지 않는 것은 어느 것인가?

〈소비자물가 상승률〉

(단위: %)

	2019	2020					2021	
		연간	I	II	III	IV	I	II
소비자물가	1.0	1.9	2.1	1.9	2.3	1.5	1.3	1.5
농축수산물	3.8	5.5	6.1	6.1	8.4	1.4	1.7	2.9
농산물	3.8	4.6	4.7	3.6	10.2	−0.1	4.0	8.2
축산물	4.4	6.5	8.6	9.6	6.7	1.3	−4.2	−6.8
공업제품	−0.5	1.4	2.1	1.3	0.9	1.5	0.9	1.6
석유류	−8.1	7.7	12.0	7.7	3.4	8.0	3.9	6.6
석유류 제외	0.8	0.5	0.7	0.3	0.5	0.4	0.4	0.8
전기수도가스	−9.2	−1.4	−6.9	−2.4	8.0	−3.3	−1.8	−3.0
서비스	2.3	2.0	2.1	2.0	1.9	1.9	1.6	1.6
집세	1.9	1.6	1.7	1.8	1.6	1.4	1.1	0.7
공공서비스	1.5	1.0	1.0	1.0	1.0	0.8	0.5	0.2
개인서비스	2.7	2.5	2.7	2.5	2.3	2.5	2.3	2.5
생활물가	0.7	2.5	2.5	2.4	3.2	1.6	1.1	1.4
식료품/에너지 제외	1.9	1.5	1.7	1.5	1.4	1.5	1.3	1.3
농산물/석유류 제외	1.6	1.5	1.5	1.4	1.7	1.3	1.2	1.3

㉠ 소비자물가는 2/4분기 중 농축수산물가격과 석유류가격의 상승세가 확대되면서 1%대 중반의 오름세를 기록하였다. 농축수산물가격은 쌀 및 일부 채소류가격이 크게 오른 데다 기저효과가 더해지면서 상승세가 확대되었다. ㉡ 공업제품가격은 국제유가 상승의 영향으로 석유류 가격을 중심으로 큰 폭 상승하였다. ㉢ 전기·수도·가스요금은 지난 해 11월 도시가스요금 인하의 영향 등으로 하락세를 지속하였다.

한편, 2021년 1/4분기의 전년 동기 대비 물가 상승률이 모든 분야에서 둔화되었으며, 전기·수도·가스요금은 하락세가 큰 폭으로 둔화되었다. 이것은 ㉣ 2019년 대비 2020년의 물가 상승률이 소비자 물가와 서비스 분야를 중심으로 큰 폭 상승을 기록한 것과 달리 물가 안정의 기조를 보이고 있는 것으로 파악된다.

① ㉠
② ㉡
③ ㉢
④ ㉣

48 다음 중 직업세계에서 맞이하는 변화의 상황들에 대해 효과적으로 대처하기 위한 전략으로 옳지 않은 것은?

① 빠른 변화 속에서 자신을 재충전할 시간과 장소를 마련한다.

② 의사결정은 되도록 최대한 시간을 두고 천천히 결정한다.

③ 의사소통을 통해 목표와 역할, 직원에 대한 기대를 명확히 한다.

④ 상황을 올바르게 파악해 제어할 수 있고 타협할 수 있는 부분을 정한다.

49 당신은 새로운 통신망의 개발을 위한 프로젝트에 합류하게 되었는데, 이 개발을 위해서는 마케팅 부서의 도움이 절실히 필요하다. 그러나 귀하는 입사한 지 얼마 되지 않았기 때문에 마케팅 부서의 사람들을 한 명도 제대로 알지 못한다. 이런 상황을 아는지 모르는지 팀장은 귀하에게 이 개발의 모든 부분을 일임하였다. 이럴 때 당신의 행동으로 가장 적절한 것은?

① 팀장에게 다짜고짜 프로젝트를 못하겠다고 보고한다.

② 팀장에게 자신의 상황을 보고한 후 마케팅 부서의 도움을 받을 수 있는 방법을 찾는다.

③ 마케팅 부서의 팀장을 찾아가 도와달라고 직접 부탁한다.

④ 마케팅 부서의 도움 없이도 프로젝트를 수행할 수 있다는 것을 보여주기 위해 그냥 진행한다.

50 당신은 △△기업의 지원팀 과장으로 협력업체를 관리하는 감독관이다. 새로운 제품의 출시가 임박하여 제대로 상품이 생산되는지를 확인하기 위하여 협력업체를 내방하였다. 그런데 생산현장에서 담당자의 작업지침이 △△기업에서 보낸 작업지침서와 많이 달라 불량품이 발생할 조짐이 현저하다. 이번 신제품에 △△기업은 사활을 걸고 있다. 이러한 상황에서 당신의 행동으로 가장 적절한 것은?

① 협력업체 대표를 불러 작업지침에 대한 사항을 직접 물어본다.

② 곧바로 회사에 복귀하여 협력업체의 무분별한 작업을 고발하고 거래를 중지해야 한다고 보고한다.

③ 협력업체 대표를 불러 작업을 중단시키고 계약을 취소한다고 말한다.

④ 협력업체 현장 담당자에게 왜 지침이 다른지 물어보고 잘못된 부분을 지적하도록 한다.

기계 · 전기일반

51 가우스의 선속정리에 해당되는 것은?

① $\int_s E \cdot n\, ds = \int_s div\, E\, dv$

② $\int_s E \cdot n\, ds = \int_v div\, E\, dv$

③ $\int_v E \cdot n\, ds = \int_v div\, E\, dv$

④ $\int_v E \cdot n\, ds = \int_s div\, E\, dv$

52 전위가 $V = xy^2z$로 표시될 때 이 원천인 전하밀도 ρ를 구하면?

① 0   ② 1

③ $-2xyz$ ④ $-2xz\epsilon_o$

53 다음 중 전자가 갖는 전하량은?

① 2×10^{-19}[C]   ② -1.6×10^{-19}[C]

③ 1.6×10^{-21}[C]   ④ -1.2×10^{-17}[C]

54 1[F]의 정전용량을 갖는 구의 반지름은?

① 9×10^6[km]   ② 9×10^4[km]

③ 9×10^3[km]   ④ 9[km]

55 정전용량이 5[F]인 콘덴서에 200[J]의 에너지를 축적하려고 할 때 콘덴서에 가해야 할 전압은?

① 5[V]   ② 9[V]

③ 10[V]   ④ 90[V]

56 정전용량 10[μF], 극판 유효면적 100[cm^2], 유전체의 비유전율 10인 평행판 콘덴서에 10[V]의 전압을 가할 때 유전체 내의 전장의 세기는?

① 1.13×10^8[V/m]
② 1.13×10^7[V/m]
③ 1.13×10^6[V/m]
④ 1.13×10^5[V/m]

57 공기 중에서 길이 1[m]의 두 도선이 1[m]의 거리에서 평행으로 놓였을 때 작용하는 힘이 18×10^{-7}[N]이었다. 두 도선에 같은 크기의 전류가 흐르고 있다면 전류는 몇 [A]인가?

① 1[A]
② 2[A]
③ 3[A]
④ 4[A]

58 막대모양의 철심이 있다. 단면적은 0.5[m^2], 길이 31.4[cm]이며, 철심의 비투자율이 200이다. 이 철심의 자기저항은?

① 1.2×10^4[AT/Wb]
② 2.5×10^4[AT/Wb]
③ 1.2×10^5[AT/Wb]
④ 3.4×10^5[AT/Wb]

59 2[J]의 에너지가 저장된 코일의 자기 인덕턴스가 400[H]인 경우 코일에 흐르는 전류의 크기[A]는?

① 0.1
② 0.2
③ 20
④ 100

60 다음 중 맴돌이 전류손에 대한 설명으로 옳은 것은?

① 주파수에 비례한다.
② 최대 자속밀도에 비례한다.
③ 주파수의 2승에 비례한다.
④ 최대 자속밀도의 3승에 비례한다.

61 다음 중 전자유도에 의하여 회로에 유도되는 기전력은 이 회로와 쇄교하는 자속이 증가 또는 감소하는 정도에 비례한다는 법칙은?

① 렌츠의 법칙
② 패러데이의 법칙
③ 키르히호프의 법칙
④ 플레밍의 왼손 법칙

62 다음 회로의 저항은?

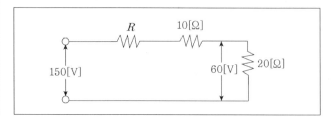

① 10[Ω]
② 20[Ω]
③ 30[Ω]
④ 0[Ω]

63 어떤 부하에 흐르는 電(전)류와 전압강하를 측정하려고 할 때 전류계와 전압계의 접속방법은?

① 전류계와 전압계를 부하에 모두 직렬로 접속한다.
② 전류계와 전압계를 부하에 모두 병렬로 접속한다.
③ 전류계는 부하에 직렬, 전압계는 부하에 병렬로 접속한다.
④ 전류계는 부하에 병렬, 전압계는 부하에 직렬로 접속한다.

64 저항 R_1, R_2가 병렬일 때 전 전류를 I라 하면 R_2에 흐르는 전류는?

① $\dfrac{R_1 R_2}{R_1 + R_2} I$
② $\dfrac{R_1 + R_2}{R_1 R_2} I$
③ $\dfrac{R_2}{R_1 + R_2} I$
④ $\dfrac{R_1}{R_1 + R_2} I$

65 다음과 같은 파형의 전류가 흐르고 있는 회로에 연결한 직류 전류계의 지시는 얼마인가? (단, 각 파형은 정현파(+)의 반주파이다)

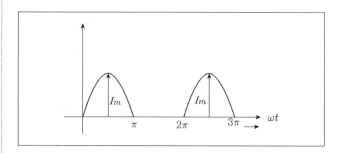

① $\dfrac{\sqrt{3}\,I_m}{\pi}$

② $I_m\pi$

③ $\dfrac{2I_m}{\pi}$

④ $\dfrac{I_m}{\pi}$

66 $i = \sqrt{2}\,I\sin\omega t$인 전류에서 $\omega t = \dfrac{\pi}{4}$인 순간의 크기는 얼마인가?

① $I\,[\mathrm{A}]$

② $\sqrt{2}\,I\,[\mathrm{A}]$

③ $\dfrac{I}{\sqrt{2}}\,[\mathrm{A}]$

④ $\dfrac{I}{2}\,[\mathrm{A}]$

67 다음과 같은 회로에 10[A]의 전류가 흐르게 하려면 a, b 양단에 가해야 할 전압은 몇 [V]인가?

① 60

② 80

③ 100

④ 120

68 저항 10[Ω], 리액턴스 10[Ω]의 직렬회로에 200[V]의 교류전압을 인가할 경우 전압과 전류의 유효분은 얼마인가?

	전압	전류
①	93[V]	65[A]
②	112[V]	7.8[A]
③	140[V]	9.8[A]
④	210[V]	15[A]

69 1상의 임피던스가 $Z = 14 + j\,48\,[\Omega]$인 평형 $\triangle$부하에 대칭 3상전압 200[V]가 인가되어 있다. 이 회로의 피상전력 [VA]은 얼마인가?

① 800

② 1,200

③ 1,384

④ 2,400

70 다음과 같은 회로의 임피던스를 표시하는 식은?

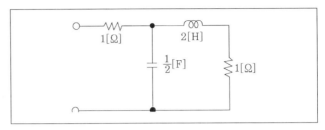

① $\dfrac{2S^2+S+2}{2S^2+5S+4}$

② $\dfrac{2S^2+5S+4}{2S^2+S+2}$

③ $\dfrac{S^2+S+1}{S^2+5S+1}$

④ $\dfrac{2S^2+5S+1}{S^2+S+1}$

71 다음 설명 중 옳은 것은?

① 비사인파 = 교류분 + 기본파 + 고조파

② 비사인파 = 직류분 + 교류분 + 고조파

③ 비사인파 = 직류분 + 기본파 + 고조파

④ 비사인파 = 기본파 + 직류분 + 교류분

72 주어진 시간함수 $f(t) = 3u(t) + 2e^{-t}$일 때 라플라스 변환 $F(s)$는?

① $\dfrac{5s+1}{(s+1)s^2}$

② $\dfrac{3s}{s^2+1}$

③ $\dfrac{5s+3}{s(s+1)}$

④ $\dfrac{s+3}{s(s+1)}$

73 $f(t) = 1 - e^{-at}$의 라플라스 변환은? (단, a는 상수이다)

① $\dfrac{a}{s(s-a)}$

② $\dfrac{a}{s(s+a)}$

③ $\dfrac{2s+a}{s(s+a)}$

④ $u(s) - e^{-as}$

74 1[MΩ]의 저항과 1[μF]콘덴서의 직렬회로에서 시상수는 얼마인가?

① 0.001[sec]　　　② 0.01[sec]

③ 1[sec]　　　④ 0.1[sec]

75 이상적인 정전류전원의 단자전압 V와 출력 전류 I의 관계를 나타내는 그래프는?

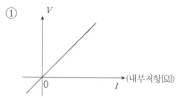
①

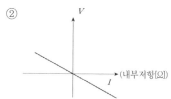
②

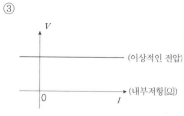
③

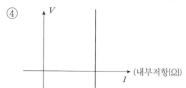
④

76 다음 중 생산관리실에서 하는 일이 아닌 것은?

① 기계들을 설계하고 도면으로 나타낸다.

② 재료를 준비한다.

③ 제품을 제작 · 생산하게 될 기계들을 선정한다.

④ 규정된 수량을 기일 내에 생산할 수 있도록 통제한다.

77 인베스트먼트 주조법의 설명으로 옳지 않은 것은?

① 모형을 왁스로 만들어 로스트 왁스 주조법이라고도 한다.

② 생산성이 높은 경제적인 수조법이다.

③ 주물의 표면이 깨끗하고 치수 정밀도가 높다.

④ 복잡한 형상의 주조에 적합하다.

78 소성가공법 중 압연과 인발에 대한 설명으로 옳지 않은 것은?

① 압연 제품의 두께를 균일하게 하기 위하여 지름이 작은 작업롤러(roller)의 위아래에 지름이 큰 받침 롤러(roller)를 설치한다.

② 압하량이 일정할 때, 직경이 작은 작업롤러(roller)를 사용하면 압연 하중이 증가한다.

③ 연질 재료를 사용하여 인발할 경우에는 경질 재료를 사용할 때보다 다이(die) 각도를 크게 한다.

④ 직경이 5mm 이하의 가는 선 제작 방법으로는 압연보다 인발이 적합하다.

79 레이저 용접에 대한 설명으로 옳지 않은 것은?

① 좁고 깊은 접합부를 용접하는 데 유리하다.

② 수축과 뒤틀림이 작으며 용접부의 품질이 뛰어나다.

③ 반사도가 높은 용접 재료의 경우, 용접효율이 감소될 수 있다.

④ 진공 상태가 반드시 필요하며, 진공도가 높을수록 깊은 용입이 가능하다.

80 다음 중 전기저항 용접법이 아닌 것은?

① 프로젝션 용접

② 심 용접

③ 테르밋 용접

④ 점 용접

81 절삭가공에서 발생하는 크레이터 마모(Crater Wear)에 대한 설명으로 옳지 않은 것은?

① 공구와 칩 경계에서 원자들의 상호 이동이 주요 원인이다.

② 공구와 칩 경계의 온도가 어떤 범위 이상이면 마모는 급격하게 증가한다.

③ 공구의 여유면과 절삭면과의 마찰로 발생한다.

④ 경사각이 크면 마모의 발생과 성장이 지연된다.

82 다음 중 정 작업 시 주의할 점으로 옳지 않은 것은?

① 재료를 자르기 시작할 때와 끝날 때 강하게 타격한다.

② 보안경을 착용한다.

③ 열처리한 재료는 정 작업을 하지 않는다.

④ 줄 손잡이를 뺄 때는 바이스 사이에 끼워 충격을 주어 뺀다.

83 연삭가공에 대한 설명으로 옳지 않은 것은?

① 연삭입자는 불규칙한 형상을 가진다.

② 연삭입자는 깨짐성이 있어 가공면의 치수정확도가 떨어진다.

③ 연삭입자는 평균적으로 큰 음의 경사각을 가진다.

④ 경도가 크고 취성이 있는 공작물 가공에 적합하다.

84 다음 중 블록 게이지의 사용상 주의점으로 옳지 않은 것은?

① 되도록 많은 블록을 조합하여 원하는 치수를 만든다.

② 먼지가 적고 건조한 실내에 보관한다.

③ 측정시 블록 게이지의 온도는 피측정물의 온도와 같은 온도로 맞춘다.

④ 블록 게이지의 측면에 흠집이 가지 않도록 조심한다.

85 재료의 마찰과 관련된 설명으로 옳지 않은 것은?

① 금형과 공작물 사이의 접촉면에 초음파 진동을 가하여 마찰을 줄일 수 있다.

② 접촉면에 작용하는 수직 하중에 대한 마찰력의 비를 마찰계수라 한다.

③ 마찰계수는 일반적으로 링압축시험법으로 구할 수 있다.

④ 플라스틱 재료는 금속에 비하여 일반적으로 강도는 작지만 높은 마찰계수를 갖는다.

86 철(Fe)에 탄소(C)를 함유한 탄소강(Carbon Steel)에 대한 설명으로 옳지 않은 것은?

① 탄소함유량이 높을수록 비중이 증가한다.

② 탄소함유량이 높을수록 비열과 전기저항이 증가한다.

③ 탄소함유량이 높을수록 연성이 감소한다.

④ 탄소함유량이 0.2% 이하인 탄소강은 산에 대한 내식성이 있다.

87 상원사의 동종과 같이 고대부터 사용한 청동의 합금은?

① 철과 아연 ② 철과 주석

③ 구리와 아연 ④ 구리와 주석

88 서멧의 특징이 아닌 것은?

① 고온에서 안정하다.

② 높은 열충격에 강하다.

③ 강도가 높다.

④ 방직섬유, 카펫, 로프 등에 사용된다.

89 파인 세라믹의 특징으로 옳은 것은?

① 내마멸성이 작다.

② 충격, 저항성 등이 강하다.

③ 내열, 내식성이 작다.

④ 특수 타일, 자동차 엔진 등에 사용된다.

90 백래시(Backlash)가 적어 정밀 이송장치에 많이 쓰이는 운동용 나사는?

① 사각 나사 ② 톱니 나사

③ 볼 나사 ④ 사다리꼴 나사

91 두 축의 중심이 일치하지 않는 경우에 사용할 수 있는 커플링은?

① 올덤 커플링(Oldham Coupling)

② 머프 커플링(Muff Coupling)

③ 마찰 원통 커플링(Friction Clip Coupling)

④ 셀러 커플링(Seller Coupling)

92 감기 전동기구에 대한 설명으로 옳지 않은 것은?

① 벨트 전동기구는 벨트와 풀리 사이의 마찰력에 의해 동력을 전달한다.

② 타이밍 벨트 전동기구는 동기(synchronous)전동을 한다.

③ 체인 전동기구를 사용하면 진동과 소음이 작게 발생하므로 고속 회전에 적합하다.

④ 구동축과 종동축 사이의 거리가 멀리 떨어져 있는 경우에도 동력을 전달할 수 있다.

93 축압 브레이크의 일종으로, 회전축 방향에 힘을 가하여 회전을 제동하는 제동 장치는?

① 드럼 브레이크   ② 밴드 브레이크

③ 블록 브레이크   ④ 원판 브레이크

94 유압회로에서 사용되는 릴리프 밸브에 대한 설명으로 가장 적절한 것은?

① 유압회로의 압력을 제어한다.

② 유압회로의 흐름의 방향을 제어한다.

③ 유압회로의 유량을 제어한다.

④ 유압회로의 온도를 제어한다.

95 디젤 기관에 대한 설명으로 옳지 않은 것은?

① 공기만을 흡입 압축하여 압축열에 의해 착화되는 자기착화 방식이다.

② 노크를 방지하기 위해 착화지연을 길게 해주어야 한다.

③ 가솔린 기관에 비해 압축 및 폭발압력이 높아 소음, 진동이 심하다.

④ 가솔린 기관에 비해 열효율이 높고, 연료소비율이 낮다.

96 파스칼의 원리를 바르게 설명한 것은?

① 밀폐된 액체에 가한 압력은 액체의 모든 부분과 그릇의 벽에 같은 크기로 전달된다.

② 밀폐된 액체에 가한 압력은 벽에 수직으로 작용한다.

③ 밀폐된 액체에 가한 압력은 밀도에 따라 다른 크기로 전달된다.

④ 밀폐된 용기의 압력은 그 체적에 비례한다.

97 다음 중 건물의 바닥 또는 벽, 천장 등에 파이프를 설치하여 이 파이프를 통해서 냉·온수를 흘려 보내 냉·난방을 하는 방식은?

① 단일 덕트 방식   ② 2중 덕트 방식

③ 팬 코일 유닛 방식   ④ 복사 냉·난방 방식

98 한 가닥의 와이어 로프나 체인을 드럼에 감아서 무거운 물체를 잡아당기거나 높은 곳까지 올리는 데 사용하는 것은?

① 지게차   ② 체인 블록

③ 윈치   ④ 크레인

99 트랙터의 앞면에 배토판인 블레이드를 설치한 것으로, 단거리에서의 땅깎기·운반·흙쌓기 등에 사용되는 건설기계는?

① 덤프 트럭   ② 스크레이퍼

③ 불도저   ④ 굴착기

100 중낙차용에 사용되고 넓은 부하 범위에서 높은 효율을 얻을 수 있는 수차는?

① 펠턴 수차   ② 프랜시스 수차

③ 프로펠러 수차   ④ 사류 수차

부산교통공사 봉투모의고사 OMR카드

	1	① ② ③ ④ ⑤	21	① ② ③ ④ ⑤	41	① ② ③ ④ ⑤	61	① ② ③ ④ ⑤	81	① ② ③ ④ ⑤
	2	① ② ③ ④ ⑤	22	① ② ③ ④ ⑤	42	① ② ③ ④ ⑤	62	① ② ③ ④ ⑤	82	① ② ③ ④ ⑤
	3	① ② ③ ④ ⑤	23	① ② ③ ④ ⑤	43	① ② ③ ④ ⑤	63	① ② ③ ④ ⑤	83	① ② ③ ④ ⑤
	4	① ② ③ ④ ⑤	24	① ② ③ ④ ⑤	44	① ② ③ ④ ⑤	64	① ② ③ ④ ⑤	84	① ② ③ ④ ⑤
	5	① ② ③ ④ ⑤	25	① ② ③ ④ ⑤	45	① ② ③ ④ ⑤	65	① ② ③ ④ ⑤	85	① ② ③ ④ ⑤
	6	① ② ③ ④ ⑤	26	① ② ③ ④ ⑤	46	① ② ③ ④ ⑤	66	① ② ③ ④ ⑤	86	① ② ③ ④ ⑤
	7	① ② ③ ④ ⑤	27	① ② ③ ④ ⑤	47	① ② ③ ④ ⑤	67	① ② ③ ④ ⑤	87	① ② ③ ④ ⑤
	8	① ② ③ ④ ⑤	28	① ② ③ ④ ⑤	48	① ② ③ ④ ⑤	68	① ② ③ ④ ⑤	88	① ② ③ ④ ⑤
	9	① ② ③ ④ ⑤	29	① ② ③ ④ ⑤	49	① ② ③ ④ ⑤	69	① ② ③ ④ ⑤	89	① ② ③ ④ ⑤
	10	① ② ③ ④ ⑤	30	① ② ③ ④ ⑤	50	① ② ③ ④ ⑤	70	① ② ③ ④ ⑤	90	① ② ③ ④ ⑤
	11	① ② ③ ④ ⑤	31	① ② ③ ④ ⑤	51	① ② ③ ④ ⑤	71	① ② ③ ④ ⑤	91	① ② ③ ④ ⑤
	12	① ② ③ ④ ⑤	32	① ② ③ ④ ⑤	52	① ② ③ ④ ⑤	72	① ② ③ ④ ⑤	92	① ② ③ ④ ⑤
	13	① ② ③ ④ ⑤	33	① ② ③ ④ ⑤	53	① ② ③ ④ ⑤	73	① ② ③ ④ ⑤	93	① ② ③ ④ ⑤
	14	① ② ③ ④ ⑤	34	① ② ③ ④ ⑤	54	① ② ③ ④ ⑤	74	① ② ③ ④ ⑤	94	① ② ③ ④ ⑤
	15	① ② ③ ④ ⑤	35	① ② ③ ④ ⑤	55	① ② ③ ④ ⑤	75	① ② ③ ④ ⑤	95	① ② ③ ④ ⑤
	16	① ② ③ ④ ⑤	36	① ② ③ ④ ⑤	56	① ② ③ ④ ⑤	76	① ② ③ ④ ⑤	96	① ② ③ ④ ⑤
	17	① ② ③ ④ ⑤	37	① ② ③ ④ ⑤	57	① ② ③ ④ ⑤	77	① ② ③ ④ ⑤	97	① ② ③ ④ ⑤
	18	① ② ③ ④ ⑤	38	① ② ③ ④ ⑤	58	① ② ③ ④ ⑤	78	① ② ③ ④ ⑤	98	① ② ③ ④ ⑤
	19	① ② ③ ④ ⑤	39	① ② ③ ④ ⑤	59	① ② ③ ④ ⑤	79	① ② ③ ④ ⑤	99	① ② ③ ④ ⑤
	20	① ② ③ ④ ⑤	40	① ② ③ ④ ⑤	60	① ② ③ ④ ⑤	80	① ② ③ ④ ⑤	100	① ② ③ ④ ⑤

성명	

생 년 월 일		⓪ ① ② ③ ④ ⑤ ⑥ ⑦ ⑧ ⑨
		⓪ ① ② ③ ④ ⑤ ⑥ ⑦ ⑧ ⑨
		⓪ ① ② ③ ④ ⑤ ⑥ ⑦ ⑧ ⑨
		⓪ ① ② ③ ④ ⑤ ⑥ ⑦ ⑧ ⑨
		⓪ ① ② ③ ④ ⑤ ⑥ ⑦ ⑧ ⑨
		⓪ ① ② ③ ④ ⑤ ⑥ ⑦ ⑧ ⑨
		⓪ ① ② ③ ④ ⑤ ⑥ ⑦ ⑧ ⑨
		⓪ ① ② ③ ④ ⑤ ⑥ ⑦ ⑧ ⑨

부산교통공사

운전직

- 제 03 회 모의고사 -

영 역	• NCS : 의사소통, 수리, 문제해결, 자원관리, 정보능력 • 전공 : 기계 · 전기일반
문항수	총 100문항
비 고	객관식 4지선다형

- 문제지 및 답안지의 해당란에 문제유형, 성명, 응시번호를 정확히 기재하세요.
- 모든 기재 및 표기사항은 "컴퓨터용 흑색 수성 사인펜"만 사용합니다.
- 예비 마킹은 중복 답안으로 판독될 수 있습니다.

1 다음 밑줄 친 어휘의 쓰임이 적절하지 않은 것은?

> ㉠광범위한 설문 조사 결과 대다수 사람들은 ㉡가급적 가까운 미래에 인명 피해를 최소화하도록 설계된 자율주행 자동차가 도로에 많아지는 것을 ㉢선호하는 것으로 나타났다. 하지만 '자동차 탑승자의 인명을 희생하더라도 보다 많은 사람의 목숨을 구하도록 설계된 자동차를 살 ㉣의견이 있는가?'라는 질문을 받으면, 대다수의 사람들은 '아니다'라고 대답했다.

① ㉠
② ㉡
③ ㉢
④ ㉣

2 다음 중 밑줄 친 외래어의 맞춤법으로 옳지 않은 것은?

① 그 회사에서는 매년 여름에 워크숍을 개최한다.
② 이번 프레젠테이션 결과에 따라 계약 여부가 달라질 것이다.
③ 기존의 제로섬 게임이 아니라, 상호 간 이익을 볼 수 있는 협상 방법으로 대응해야 한다.
④ 레포트 제출 기한은 다음 주 수요일까지입니다.

3 밑줄 친 ㉠과 유사한 의미로 사용된 것은?

① 야무진 애라 그런지 마음이 놓인다.
② 이게 바로 돈 놓고 돈 먹기란 거지.
③ 힘이 풀려 잡고 있던 손을 놓았다.
④ 사무실 이전 문제를 놓고 의견이 분분했다.

4 다음의 밑줄 친 단어의 한자어 표기가 옳지 않은 것은?

> 2016년을 시작하며 세계경제포럼은 향후 세계가 직면할 화두로 '4차 산업혁명'을 던졌다. 그 이후 4차 산업혁명이 유행어처럼 회자되었고 많은 논의가 이루어지기 시작했다. 특히 인공지능은 인간의 미래에 대해 커다란 화두를 던졌다. 인공지능이 인간의 일자리를 빼앗고 기계류가 인류를 대신할 것인가 등의 현실적인 문제부터 인공지능이 인간의 지능을 모방하는 데 그치지 않고 인간의 지능을 초월한 초지능을 갖게 될 경우 인간의 존재는 어떻게 될 것인가 하는 근본적인 문제를 던지는 계기가 되었다.

① 향후 – 向後
② 혁명 – 革命
③ 논의 – 論議
④ 대신 – 伐身

5 빈칸에 공통으로 들어갈 단어로 가장 적절한 것은?

> "시민이 주인인 도시철도 경영 실현"을 위해 부산교통공사 '2022년 경영성과 및 2023년 경영계획 설명회'를 아래와 같이 개최합니다.
> – 개최일시 : 2022. 12. 5. 16:00 / 90분 정도 진행
> – 개최장소 : 부산교통공사 본사 9층 강당
> – 주요내용 : 2022 경영성과 및 2023 경영계획 설명, 질의응답 및 건의사항 청취
> – 참여방법 : 아래 '(   )하기'에서 (   )서 작성 제출
> – (   )기간 : 2022. 11. 4. 10:00 ~ 11. 24. 24:00 /
>   (   )인원 초과 시 조기 마감
> – 인원 : (   ) 순서대로 300명 선정(선정결과 개별 통지)

① 참여
② 참석
③ 신청
④ 청구

6 주어진 대화의 의사소통 유형으로 가장 적절한 것은?

상담원 : 네, (주)아이뻐 소비자센터입니다.
고 객 : 제가 최근에 인터넷으로 핸드폰을 구입했는데요, 제
        품에 문제가 있는 것 같아서요.
상담원 : 아, 어떤 문제가 있으신지 여쭈어 봐도 될까요?
고 객 : 제가 물건을 받고 핸드폰을 사용하는데 통화음질도
        안 좋을 뿐더러 통화 연결이 안 되더라고요. 그래
        서 통신 문제인 줄 알고 통신사 고객센터에 연락해
        보니 테스트해보더니 통신의 문제는 아니라고 해서
        요, 제가 보기엔 핸드폰 기종 자체가 통화 음질이
        떨어지는 거 같거든요? 그래서 구매한지 5일 정도
        지났지만 반품하고 싶은데 가능할까요?
상담원 : 네, 고객님. 「전자상거래 등 소비자보호에 관한 법
        」에 의거해서 물건 수령 후 7일 이내에 청약철회가
        가능합니다. 저희 쪽에 물건을 보내주시면 곧바로
        환불처리 해 드리겠습니다.
고 객 : 아, 감사합니다.
상담원 : 행복한 하루 되세요. 상담원 ○○○였습니다.

① 담화하는 사람들의 친교와 관계유지를 위한 의사소통이다.
② 화자가 청자의 긍정적 반응을 유도하는 의사소통이다.
③ 다대다 형식의 친교적 의사소통이다.
④ 일대일 형식의 공식적 의사소통이다.

▌7 ~ 8▐ 다음 글을 읽고 이어지는 물음에 답하시오.

　4차 산업혁명이 문화예술에 영향을 끼치는 사회적 변화 요인으로는 급속한 고령화 사회와 1인 가구의 증가 등 인구구조의 변화와 문화다양성 사회로의 진전, 디지털 네트워크의 발전 등을 들 수 있다. 이로 인해 문화예술 소비층이 시니어와 1인 중심으로 변화하고 있으며 문화 복지대상도 어린이, 장애인, 시니어로 확장되고 있다. 디지털기기 사용이 일상화되면서 문화향유 범위도 이전의 음악, 미술, 공연 중심에서 모바일 창작과 게임, 놀이 등으로 점차 확대되고 특히 고령화가 심화됨에 따라 높은 문화적 욕구를 지닌 시니어 층이 새로운 기술에 관심을 보이고 자신들의 건강한 삶을 위해 테크놀로지 수용에 적극적인 모습을 보이면서 문화예술 향유계층도 다양해질 전망이다. 유쾌함과 즐거움 중심의 일상적 여가는 스마트폰을 통한 스낵컬처적 여가활동이 중심이 되겠지만 지식과 경험을 획득하고 삶의 의미를 찾고 성취감을 느끼고 싶어 하는 진지한 여가에 대한 열망도도 점차 높아질 것으로 관측된다.

　기술의 발전과 더불어 근로시간의 축소 등으로 여가시간이 늘어나면서 일과 여가의 균형을 맞추려는 워라밸(Work and Life Balance) 현상이 자리 잡아가고 있다. 문화관광연구원에서 실시한 국민인식조사에 따르면 기존에 문화여가를 즐기지 않던 사람들이 문화여가를 즐기기 시작하고 있다고 답한 비율이 약 47%로 나타난 것은 문화여가를 여가활동의 일부로 인식하는 국민수준이 높아지고 있다는 것을 보여준다. 또한, 경제적 수준이나 지식수준에 상관없이 문화예술 활동을 다양하게 즐기는 사람들이 많아지고 있다고 인식하는 비율이 38%로 나타났다. 이는 문화가 국민 모두가 향유해야 할 보편적 가치로 자리잡아가고 있다는 것을 말해준다.

　디지털·스마트 문화가 일상문화의 많은 부분을 차지하는 중요 요소로 자리 잡으면서 일상적 여가 뿐 아니라 콘텐츠 유통, 창작활동 등에 많은 변화를 가져오고 있다. 이러한 디지털 기기의 사용이 문화산업분야에서는 소비자 및 향유자들의 적극적인 참여로 그 가능성에 주목하고 있으나, 순수문화예술 부분은 아직까지 홍보의 부차적 수단 정도로 활용되고 있어 기대감은 떨어지고 있다.

7 다음 중 윗글의 제목으로 가장 적절한 것은 어느 것인가?

① 4차 산업혁명이 변화시킬 노인들의 삶
② 4차 산업혁명이 문화예술에 미치는 영향
③ 4차 산업혁명에 의해 나타나는 사회적 부작용
④ 순수문화예술과 디지털기기의 접목

8 다음 중 윗글을 통해 알 수 있는 필자의 의견과 일치하지 않는 설명은 어느 것인가?

① 4차 산업혁명은 문화의 다양성을 가져다 줄 것으로 기대된다.
② 디지털기기는 순수문화예술보다 문화산업분야에 더 적극적인 변화를 일으키고 있다.
③ 스마트폰의 보급으로 인해 내적이고 진지한 여가 시간에 대한 욕구는 줄어들 것이다.
④ 문화는 특별한 계층만이 향유할 수 있다는 인식이 줄어들고 있다.

9 다음 나열된 숫자의 규칙을 찾아 빈칸에 들어가기 적절한 수를 고르면?

20	29	(	)	44	50	55	59

① 34

② 35

③ 36

④ 37

10 A공사의 올해 남자 직원 수는 작년보다 4% 줄었고, 여자 직원 수는 작년보다 12% 늘었다고 한다. 작년 총 직원 수는 1,200명이었고 작년보다 올해 총 직원 수가 40명 증가했을 때 작년 남자 직원은 몇 명이었는가?

① 624명

② 632명

③ 640명

④ 650명

11 물통에 물을 가득 채울 때, 'A호스'로만 채우면 5시간, 'B호스'로만 채우면 7시간이 걸린다. 처음 2시간은 A호스만 사용해서 물을 채우고, 이후에는 A호스와 B호스를 동시에 사용하여 물을 채울 때, 물통이 가득 차기까지는 총 몇 시간이 걸리는가? 단, A호스와 B호스 모두 물이 나오는 속도는 일정하다.

① 2시간 45분

② 3시간 15분

③ 3시간 45분

④ 4시간 15분

12 A회사의 기획팀에는 6명, 홍보팀에는 5명의 사원이 있다. 기획팀, 홍보팀에서 적어도 1명 이상을 포함시켜 4명으로 새로운 프로젝트 팀을 구성하려고 할 때, 가능한 경우의 수는 총 몇 가지인가?

① 310

② 300

③ 290

④ 280

13 다음에 제시된 자료를 바탕으로 〈보기〉에서 올바른 설명을 모두 고르면?

〈2021년 3/4분기 H 도시철도 승차인원〉

(단위 : 만 명)

구분	중앙역	부산역	초량역	범일역	합계
7월	32	70	20	60	182
8월	30	75	19	52	176
9월	28	65	18	48	159

〈2021년 3/4분기 보통승차권 이용률(%)〉

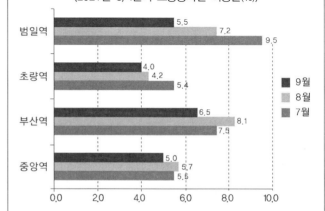

* 승차권 종류에는 '보통승차권'과 '카드승차권' 두 가지만 존재한다.
* 각 역별로 중복 집계된 승차인원 수는 없으며, 모든 승객이 승차권을 이용했다고 가정한다.

〈보기〉

㉠ 7, 8월 보통승차권 평균 이용률에 비해 9월 이용률이 가장 큰 폭으로 감소한 역은 범일역이다.

㉡ 중앙역과 초량역은 월별 승차인원 수가 같은 비율로 감소하는 추세를 보인다.

㉢ 7월 보통승차권 이용자 수는 초량역에서 가장 적었다.

㉣ 모든 역에서 월별 승차인원 수 증감 추이가 동일하게 나타난다.

① ㉠㉡

② ㉡㉣

③ ㉠㉢

④ ㉢㉣

14 소득세법에 따라 복권 당첨금은 기타소득으로 분류된다. 5만 원 초과 ~ 3억 원 미만 시 기타소득세 20%, 지방소득세 2%를 납부하고 3억 원을 초과하면 기타소득세 30%, 지방소득세 3%를 납부해야 한다. 직장인 甲이 연금복권에 당첨되어 20년간 매월 700만 원의 당첨금을 받게 된다면, 세금을 제외한 당첨금은 얼마인가?

① 1,540,000원
② 2,240,000원
③ 4,550,000원
④ 5,460,000원

▌15 ~ 16▐ 다음 제시된 자료를 보고 각 물음에 답하시오. 〈자료1〉과 〈자료2〉의 조사대상 기업은 동일하다.

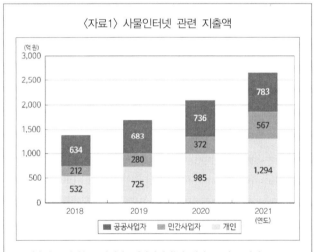

〈자료1〉 사물인터넷 관련 지출액

※ 사용자는 기업(공공사업자, 민간사업자)과 개인으로만 구성됨

〈자료2〉 2021년 4차 산업기술 개발 및 활용 기업 수

(단위 : 개, %)

4차 산업 기술 개발·활용 기업 수	분야(복수응답)								
	계	사물인터넷	클라우드	빅데이터	모바일(5G)	인공지능	블록체인	3D프린팅	로봇공학	가상증강현실
1,014	1,993	288	332	346	438	174	95	119	96	105
	100.0	14.5	16.7	17.4	22.0	8.7	4.8	6.0	4.8	5.3

15 〈자료1〉에 대한 설명으로 옳지 않은 것은?

① 2018 ~ 2021년 동안 '공공사업자' 지출액의 전년대비 증가폭이 가장 큰 해는 2020년이다.
② 2021년 사용자별 지출액의 전년대비 증가율은 '개인'이 가장 높다.
③ 2018 ~ 2021년 동안 사용자별 지출액의 전년대비 증가율은 매년 '공공사업자'가 가장 낮다.
④ '공공사업자'와 '민간사업자'의 지출액 합은 매년 '개인'의 지출액보다 크다.

16 제시된 자료에 대한 설명으로 바르게 설명한 것은?

① 가장 많이 활용되고 있는 3가지 4차 산업 기술은 5G 모바일, 빅데이터, 사물인터넷이다.
② 〈자료2〉 응답 기업의 30% 이상이 사물인터넷을 개발 및 활용하고 있다.
③ 각 4차 산업기술에 지출된 금액이 〈자료2〉의 응답비율과 동일하다고 할 때, 기업들이 3D프린팅에 지출한 금액은 총 500억 원 이상일 것이다.
④ 전체 조사대상 기업 중 4차 산업 기술을 활용하는 기업의 수는 1,993개이다.

17 다음 중 창의적 문제에 대한 설명으로 옳지 않은 것은?

① 창의력에 의한 많은 아이디어의 작성을 통해 해결한다.
② 분석, 논리, 귀납과 같은 논리적 방법을 통해 해결한다.
③ 해답의 수가 많으며, 많은 답 가운데 보다 나은 것을 선택한다.
④ 주관적, 직관적, 감각적, 정성적, 개별적, 특수성을 특징으로 한다.

18 다음 (가), (나), (다)가 바르게 연결된 것은?

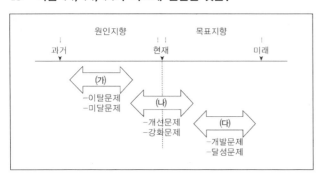

① (가) - 발생형 문제, (나) - 탐색형 문제, (다) - 설정형 문제
② (가) - 발생형 문제, (나) - 설정형 문제, (나) - 탐색형 문제
③ (가) - 탐색형 문제, (나) - 발생형 문제, (다) - 설정형 문제
④ (가) - 탐색형 문제, (나) - 설정형 문제, (다) - 발생형 문제

19 "기존에 가지고 있는 사물과 세상을 바라보는 인식의 틀을 전환하여 새로운 관점에서 바로 보는 사고를 지향하라"와 가장 관계가 있는 것은?

① 내부지향
② 발상의 전환
③ 계획 수립
④ 검증 후 수행

20 지하철 이용과 관련한 다음 명제들을 통해 추론한 설명으로 올바른 것은 어느 것인가?

- 1호선을 타 본 사람은 2호선도 타 보았다.
- 2호선을 타 본 사람은 5호선도 타 보았다.
- 5호선을 타 본 사람은 3호선을 타 보지 않았다.
- 3호선을 타 본 사람은 4호선을 타 보지 않았다.
- 4호선을 타 본 사람은 1호선을 타 보지 않았다.

① 5호선을 타 보지 않은 사람은 1호선을 타 보았다.
② 3호선을 타 본 사람은 1호선을 타 보지 않았다.
③ 4호선을 타 보지 않은 사람은 5호선을 타 보았다.
④ 2호선을 타 본 사람은 4호선을 타 보았다.

21 다음 글의 내용이 참일 때, 반드시 참인 것만을 〈보기〉에서 모두 고르면?

세 사람 가훈, 나훈, 다훈은 지난 회의가 열린 날짜와 요일에 대해 다음과 같이 기억을 달리하고 있다.
-가훈은 회의가 5월 8일 목요일에 열렸다고 기억한다.
-나훈은 회의가 5월 10일 화요일에 열렸다고 기억한다.
-다훈은 회의가 6월 8일 금요일에 열렸다고 기억한다.

추가로 다음과 같은 사실이 알려졌다.
-회의는 가훈, 나훈, 다훈이 언급한 월, 일, 요일 중에 열렸다.
-세 사람의 기억 내용 가운데 한 사람은 월, 일, 요일의 세 가지 사항 중 하나만 맞혔고, 한 사람은 하나만 틀렸으며, 한 사람은 어느 것도 맞히지 못했다.

〈보기〉
㉠ 회의는 6월 10일에 열렸다.
㉡ 가훈은 어느 것도 맞히지 못한 사람이다.
㉢ 다훈이 하나만 맞힌 사람이라면 회의는 화요일에 열렸다.

① ㉠   ② ㉠㉡
③ ㉡㉢   ④ ㉠㉡㉢

22 다음은 사원 A가 조사한 H 도시철도의 SWOT 분석 내용이다. 다음 밑줄 친 내용 중 잘못된 것은?

S (Strength)	W (Weakness)
• 도시철도 안정성 사업의 두드러진 성과 - 1호선 노후 방음시설 개량 완료 - 노후 선로 단계적 교체 작업 착수 - ① 안전혁신본부 신설, 관제 기능 강화 - 전문가의 안전진단으로 사고 예방 - 열차혼잡도 안내시스템 도입	• 무임승차 승객으로 인한 손실 - 작년 기준 30%에 달하는 무임승차율 ② 가속화되는 인구 고령화

O (Opportunity)	T (Threat)
• 도시철도 중심으로 지역 교통체계 변화 - ③ 광역 철도망 구축으로 도시 철도에 대한 수요 증가 - 부산시 대중교통 정책이 도시철도에도 확대 - '원도심 트랙 구축' 등 도시철도망 확대 정책 추진	• ④ 무임 수송지원 및 노후설비 교체에 대한 국비 지원 부족

23 다음은 정보 분석 절차를 도식화한 것이다. 이를 참고할 때, 공공기관이 새롭게 제정한 정책을 시행하기 전 설문조사를 통하여 시민의 의견을 알아보는 행위가 포함되는 것은 ㈎ ~ ㈣ 중 어느 것인가?

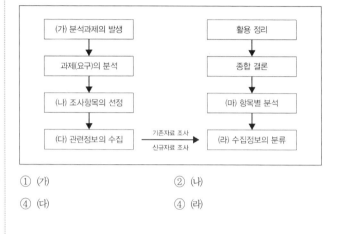

① ㈎

② ㈏

④ ㈐

④ ㈑

┃23 ~ 24┃ 다음 상황을 보고 이어지는 물음에 답하시오.

K사는 직원들의 업무역량 강화를 위해 NCS 기반 교육을 실시하기로 하였다. 교육 분야를 결정하기 위한 내부 회의를 통해 다음과 같은 4개의 영역이 상정되었고, 이에 대하여 3명의 경영진이 각각 자신의 선호도를 결정하였다.

선호도＼경영진	영업본부장	관리본부장	기술본부장
1순위	의사소통영역	조직이해영역	의사소통영역
2순위	자원관리영역	의사소통영역	자원관리영역
3순위	문제해결영역	문제해결영역	조직이해영역
4순위	조직이해영역	자원관리영역	문제해결영역

* 4개의 영역 중 사내 전 직원의 투표에 의해 2개의 영역이 선정되며, 선정된 안건에 대한 경영진의 선호도 다수결에 따라 한 개의 최종 교육 영역이 채택된다.

24 만일 1 ~ 4순위별로 각각 4점, 3점, 2점, 1점의 가중치를 부여한다면, 자원관리영역이 투표 결과에 의한 2개 영역 중 하나로 선정되었을 경우에 대한 설명으로 올바른 것은 어느 것인가? (단, 동일 점수가 나오면 해당 영역만으로 재투표를 실시하여 순위를 가린다)

① 의사소통영역이 나머지 하나의 영역일 경우, 재투표를 실시할 수 있다.

② 어떤 다른 영역과 함께 선정되어도 자원관리영역은 채택될 수 없다.

③ 조직이해영역이 나머지 하나의 영역일 경우, 재투표를 실시할 수 있다.

④ 문제해결영역이 나머지 하나의 영역일 경우, 문제해결영역이 채택된다.

6

25 다음 순서도에서 인쇄되는 S의 값은? (단, $[x]$는 x보다 크지 않은 최대의 정수이다)

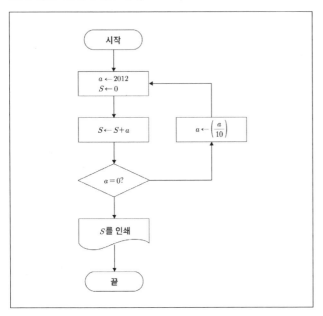

시작

$a \leftarrow 2012$
$S \leftarrow 0$

$S \leftarrow S + a$

$a \leftarrow \left[\dfrac{a}{10}\right]$

$a = 0?$

S를 인쇄

끝

① 2230 ② 2235
③ 2240 ④ 2245

26 다음 중 경영평가 단계에서 이루어지는 활동은?

① 미래상 설정 ② 수행결과 감독
③ 조직목적 달성 ④ 조직구성원 관리

27 다음은 SWOT분석에 대한 설명이다. 빈칸에 들어갈 알맞은 용어를 차례대로 적은 것은?

SWOT 분석에서 조직 내부 환경으로는 조직이 우위를 점할 수 있는 (　　　)와/과 조직의 효과적인 성과를 방해하는 자원, 기술, 능력 면에서의 (　　　)이/가 있다. 조직의 외부 환경으로 (　　　)은/는 조직 활동에 이점을 주는 환경요인이고, (　　　)은/는 조직 활동에 불이익을 미치는 환경요인이다.

① 기회, 위협, 강점, 약점 ② 기회, 약점, 강점, 위협
③ 강점, 약점, 기회, 위협 ④ 강점, 위협, 기회, 약점

28 다음 글에서 알 수 있는 '정보의 특징'으로 적절하지 않은 것은?

천연가스 도매요금이 인상될 것이라는 전망과 그 예측에 관한 정보는 가스사업자에게나 유용한 것이지 일반 대중에게 직접적인 영향을 주는 정보는 아니다. 관련된 일을 하거나 특별한 이유가 있어서 찾아보는 경우를 제외하면 이러한 정보에 관심을 갖게 되는 사람들이 있을까?

① 우리가 필요로 하는 정보의 가치는 여러 가지 상황에 따라서 아주 달라질 수 있다.
② 정보의 가치는 우리의 요구, 사용 목적, 그것이 활용되는 시기와 장소에 따라서 다르게 평가된다.
③ 정보는 비공개 정보보다는 반공개 정보가, 반공개 정보보다는 공개 정보가 더 큰 가치를 가질 수 있다.
④ 비공개 정보는 정보의 활용이라는 면에서 경제성이 떨어지고, 공개 정보는 경쟁성이 떨어지게 된다.

29 다음의 워크시트에서 2학년의 평균점수를 구하고자 할 때 [F5] 셀에 입력할 수식으로 옳은 것은?

	A	B	C	D	E	F
1	이름	학년	점수			
2	윤성주	1학년	100			
3	이지한	2학년	95			
4	유민지	3학년	80			
5	송민기	2학년	80		학년	평균점수
6	최성주	1학년	100		2학년	
7	민철준	4학년	85			
8	김정호	2학년	95			
9	정하영	4학년	80			

① =DAVERAGE(A1:C9,3,E4:E5)
② =DAVERAGE(A1:C9,2,E4:E5)
③ =DAVERAGE(A1:C9,3,E4:E4)
④ =DMAX(A1:C9,3,E4:E5)

30 다음 중 정보의 활용형태로 옳지 않은 것은?

① 수집한 정보를 그대로 활용한다.

② 수집한 정보를 그대로 활용하되 일정한 형태로 표현하여 활용한다.

③ 수집한 정보를 일정한 형태로 재표현하여 활용한다.

④ 수집한 정보를 정리, 가공하여 활용하되 일정한 형태로 표현하여 활용한다.

31 다음 중 네트워크 혁명의 역기능으로 옳지 않은 것은?

① 정보기술을 이용한 감시

② 인터넷 게임과 채팅 중독

③ 디지털 격차

④ 정보화에 따른 실업의 감소

32 문자판에 12시까지만 쓰여 있는 시계의 알람은 정각 1시에 한 번, 정각 2시에 두 번, 정각 3시에 3번, …, 정각 12시에 12번 울린다. 오후 5시 30분부터 시작해서 시계의 알람이 모두 합해서 170번째 울리는 시각은 언제인가?

① 오후 5시

② 오후 6시

③ 오후 7시

④ 오후 8시

┃33 ~ 34┃ 다음은 H 도시철도 운행열차 코드 목록을 나타낸 것이다. 각 물음에 답하시오.

〈운행열차 코드번호 예시〉

11월 27일 오전 5시 17분에 a지역 지하철역1을 출발, 시간을 준수하여 오후 2시 10분에 d지역 지하철역1에 도착한 1호선 열차 코드

1127A0517Da1P0210Rd1T1

1127	A0517	Da1	P0210	Rd1	T	1
운행날짜	출발시간	출발코드(D)+지역코드	도착시간	도착코드(R)+지역코드	시간준수	열차호선

코드 기호	출발			도착		
	지역	지역코드	지하철역	지역	지역코드	지하철역
1) 출발시간 및 도착시간에서 A는 오전, P는 오후를 의미 2) 도착시간 준수하면 T, 준수하지 못하면 X 를 사용	동래 a	1	역1	연제 d	1	역1
		2	역2		2	역2
	사하 b	1	역1	수영 e	1	역1
		2	역2		2	역2
		3	역3		3	역3
		4	역4		4	역4
	금정 c	1	역1	영도 f	1	역1
		2	역2		2	역2
		3	역3		3	역3

33 H도시철도 3호선은 11월 30일 동래지역 역2에서 출발하여 수영지역 역4에 시간을 준수하여 도착하였다. 다음 중 이 열차의 운행코드가 될 수 있는 것은?

① 1130A0726Da2P0210Re4X3

② 1130P0414Da2P0719Re4T3

③ 1130P0516Db1P0845Re4T3

④ 1130A1158Rb2P0210Dc1T2

34 11월 29일 오후 3시 ~ 4시 경에 열차 운행이 지연되어 예정 도착시간보다 영도 지역 역1, 역2, 역3에서 열차 도착시간이 늦어졌다. 그 사유를 운행코드를 참고하여 자료조사를 하고자 할 때, 참고해야 하는 코드가 아닌 것은?

① 1129A0914Db4P0314Rf2X1

② 1129A1129Db4P0345Rf3X2

③ 1129A1020Dc3P0314Re1X3

④ 1129A0918Db4P0309Rf3X4

35 다음에 설명하는 자원의 종류는 무엇인가?

> 기업 경영 목적을 달성하기 위한 조직의 구성원으로, 기업 경영은 조직 구성원들의 역량과 직무 수행에 기초하여 이루어지기 때문에 이 자원의 선발, 배치 및 활용이 중요하다.

① 시간
② 예산
③ 물적자원
④ 인적자원

36 다음 중, 자연자원과 인공자원으로 구분되는 물적 자원 관리의 중요성을 제대로 인식한 것으로 볼 수 없는 설명은 어느 것인가?

① 자재 관리의 허술함으로 인한 분실 및 훼손 방지를 위해 창고 점검에 대하여 자재팀에 특별 지시를 내린다.
② 긴급 상황을 고려하여 기본 장비는 항상 여분의 것이 있도록 관리하여 대형 사고를 미연에 방지한다.
③ 특별한 사유가 있는 자원이 아닌 경우, 일부 재고를 부담하여 고객의 수요에 반응할 수 있도록 한다.
④ 희소가치가 있는 시설 및 장비의 경우 사용 순위를 뒤로 미루어 자원의 가치를 높이려 노력한다.

37 H회사 A, B, C본부에서 다 함께 워크숍을 가기로 결정하였다. 회사에서 지원하는 금액으로 단체 티셔츠를 주문해서 준비해 가려고 할 때, 지원 금액은 얼마가 되는가?

> 〈주문 시 유의사항〉
> 1) 티셔츠 금액은 1개당 6,000원이다.
> 2) 동일한 색상으로 50개 이상 주문할 경우 10% 할인
> 3) 다음의 경우 추가금액이 발생한다.
>   - XXL 사이즈는 티셔츠 1개당 500원의 추가금액이 발생한다.
>   - 티셔츠에 로고를 인쇄하면 1개당 500원의 추가금액이 발생한다.
>   ※ 할인은 총 금액 기준으로 적용된다.
>
> 〈워크숍 단체 티셔츠 사이즈 및 수량 조사〉
> • A 본부(총 28명) • B 본부(총 16명) • C 본부(총 20명)
> - 연분홍, 로고 생략 - 연분홍, 로고 이미지 첨부 - 연분홍, 로고 이미지 첨부

사이즈	수량	사이즈	수량	사이즈	수량
S	3	S	0	S	5
M	5	M	5	M	4
L	11	L	2	L	5
XL	6	XL	2	XL	3
XXL	1	XXL	6	XXL	0
합계	26	합계	15	합계	17

> - 수량조사 하지 못한 각 본부별 인원은 그 본부에서 가장 많은 사이즈의 티셔츠 수량에 추가해서 주문하기로 했다.

① 365,400원
② 371,750원
③ 372,250원
④ 341,950원

▌38 ~ 39 ▌ 다음은 T센터 대강당 대관 안내문이다. 자료를 보고 이어지는 물음에 답하시오.

- 설비 사용료

구분	장비명		수량	가격	비고
음향 장치	일반 마이크	다이내믹	65개	4,500원	7대 무료, 8대부터 비용
		콘덴서	55개	4,500원	
	고급 마이크		25개	25,000원	건전지 사용자 부담
	서라운드 스피커 시스템		4대	25,000원	1일 1대
촬영 장치	빔 프로젝터		1대	210,000원	1일 1대
	영상 재생 및 녹화 서비스	USB	1대	25,000원	
		CD	1대	32,000원	1일 1대
조명 장치	solo 라이트		2대	6,000원	1일 1대
	rail 라이트		10대	55,000원	2개까지 무료

- 주의사항
- –내부 매점 이외에서 구매한 음식물 반입 엄금(음용수 제외)
- –대관일 하루 전날 사전 점검 및 시설물 설치 가능, 행사 종료 즉시 시설물 철거 요망
- –건물 내 전 지역 금연(실외 지정 흡연 부스 있음)
- 주차장 안내
- –행사장 주최 측에 무료 주차권 100장 공급
- –무료 주차권 없을 경우, 1시간 3,000원/이후 30분당 1,000원
- –경차, 장애인 차량 주차 무료
- 기타사항
- –예약 후, 행사 당일 3일 전 이후 취소 시 향후 대관 불가
- –정치적 목적의 행사, 종교 행사 등과 사회 기피적 모임 및 활동을 위한 대관 불가

38 다음 중 위의 대강당 대관에 대한 안내사항을 올바르게 이해하지 못한 것은 어느 것인가?

① 흡연자들은 행사 참여 시간 중 담배를 피울 수 없다.

② 행사에 필요한 시설물 설치팀은 행사 당일 아침 일찍 도착하여 시설물을 설치해야 한다.

③ 3시간짜리 행사인 경우, 무료 주차권을 받지 못했다면 주차료 7,000원이 발생한다.

④ 행사 이틀 전에 갑작스런 취소 사유가 발생할 경우, 취소 자체가 불가능한 것은 아니다.

39 다음 중 아래와 같은 장비가 필요한 경우, 총 장비 대여 비용으로 알맞은 것은 어느 것인가?

- 다이내믹 일반 마이크 32개, 고급 마이크 12개
- 서라운드 스피커 1대
- USB 영상 녹화 3대
- solo 라이트 1대, rail 라이트 4대

① 580,500원

② 595,000원

③ 617,000원

④ 628,500원

40 다음 사례에서 나타난 기술경영자의 능력으로 가장 적절한 것은?

> 동영상 업로드 시 거쳐야 하는 긴 영상 포맷 변환 시간을 획기적으로 줄일 수는 없을까?
> 영상 스트리밍 사이트에 동영상을 업로드하면 '영상 처리 중입니다' 문구가 나온다. 이는 올린 영상을 트랜스코딩(영상 재압축) 하는 것인데 시간은 보통 영상 재생 길이와 맞먹는다. 즉, 한 시간짜리 동영상을 업로드하려면 한 시간을 영상 포맷하느라 소비해야 하는 것이다. A기업은 이러한 문제점을 해결하고자 동영상 업로드 시 포맷 변환을 생략하고 바로 재생할 수 있는 '노 컷 어댑티브 스트리밍(No Cut Adaptive Streaming)' 기술을 개발했다. 이 기술을 처음 제안한 A기업의 기술최고책임자(CTO) T는 "영상 길이에 맞춰 기다려야 했던 포맷 변환 과정을 건너뛴 것"이라며 "기존 영상 스트리밍 사이트가 갖고 있던 단점을 보완한 기술"이라고 설명했다. 화질을 유동적으로 변환시켜 끊김없이 재생하는 어댑티브 스트리밍 기술은 대부분의 영상 스트리밍 사이트에 적용되고 있다. mp4나 flv 같은 동영상 포맷을 업로드 할 경우 어댑티브 스트리밍 포맷에 맞춰 변환시켜줘야 한다. 바로 이 에어브로드 기술은 자체 개발한 알고리즘으로 변환 과정을 생략한 것이다.

① 기술을 기업의 전반적인 전략 목표에 통합시키는 능력
② 새로운 기술을 습득하고 기존의 기술에서 탈피하는 능력
③ 새로운 제품개발 시간을 단축할 수 있는 능력
④ 기술 전문 인력을 운용할 수 있는 능력

┃41 ~ 42┃ 다음 표를 참고하여 이어지는 물음에 답하시오.

스위치		기능
방향 조작	★	1번째, 3번째 기계를 시계 방향으로 90도 회전함
	☆	2번째, 4번째 기계를 시계 방향으로 90도 회전함
	▲	1번째, 2번째 기계를 시계 반대 방향으로 90도 회전함
	△	3번째, 4번째 기계를 시계 반대 방향으로 90도 회전함
운전 조작	▣	1번째와 3번째 기계 작동 / 정지
	◈	2번째와 3번째 기계 작동 / 정지
	◉	2번째와 4번째 기계 작동 / 정지

※ ◖ : 작동, ◗ : 정지

※ 작동 중인 기계에 운전 조작 스위치를 한 번 더 누르면 해당 기계는 정지된다.

41 왼쪽과 같은 상태에서 다음과 같이 스위치를 누르면, 어떤 상태로 변하겠는가?

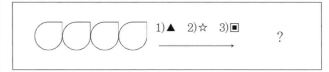

1)▲ 2)☆ 3)▣   ?

①

②

③

④

42   시작 상태(◯◯◯◯)에서 1번 기계와 2번 기계는 원래 방향을 가리키고, 3번 기계와 4번 기계의 방향만 시계 방향으로 90도 바꾸려고 한다. 그리고 그 상태에서 1번 기계와 4번 기계만 작동시키려고 할 때, 다음 중 누르지 않아도 되는 스위치는?

① ☆

② ▲

③ △

④ ▣

▌43 ~ 44▐ 다음은 H사가 판매하는 로봇 청소기 제품인 '클린킹'의 사용 설명서이다. 사용 설명서를 보고 이어지는 물음에 답하시오.

〈각 버튼의 기능 - 클린 킹〉

예약 버튼	• 예약한 시간만큼 경과된 후에 청소를 시작하도록 설정할 경우 사용 • 예약 시간은 1시간 단위로 최대 12시간 이내에서 설정 • 충전대 밖에서 예약 청소를 시작할 경우 청소 시간이 줄어들 수 있으므로 가급적 충전대에 붙어있는 상태에서 사용 권장 • 먼지통이 없으면 예약 설정이 제한됨
시작/ 정지 버튼	• 전원을 켜고 끄거나, 청소를 시작하고 정지할 때 사용 • 전원이 켜진 상태에서 누르면 자동으로 청소 시작 • 자동 청소 중 누르면 정지 • 전원이 켜진 상태에서 약 2초간 누르고 있으면 전원이 꺼짐 • 예약된 상태에서 누르면 예약이 취소됨 • 스마트 진단 상태에서 누르면 스마트 진단이 종료됨

충전 버튼	• 클린킹을 충전대로 이동시켜 배터리를 충전할 경우 사용 • 청소를 완료하거나 배터리가 부족한 경우, 버튼을 누르지 않아도 자동으로 충전대로 이동하여 배터리를 충전함
스마트 진단 버튼	• 스마트 진단 기능을 사용할 경우에 사용 • 충전대에 붙어있는 경우에 3초간 누르면 스마트 진단 시작 • 스마트 진단이 완료 된 후 버튼을 한 번 더 누르면 음성안내를 다시 들을 수 있음

〈각 버튼의 기능 - 리모컨〉

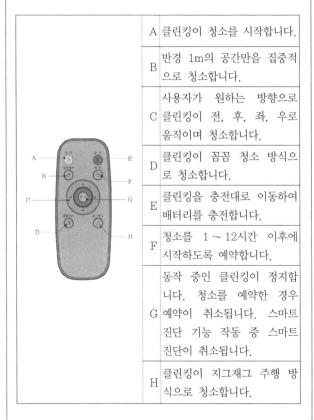

A	클린킹이 청소를 시작합니다.
B	반경 1m의 공간만을 집중적으로 청소합니다.
C	사용자가 원하는 방향으로 클린킹이 전, 후, 좌, 우로 움직이며 청소합니다.
D	클린킹이 꼼꼼 청소 방식으로 청소합니다.
E	클린킹을 충전대로 이동하여 배터리를 충전합니다.
F	청소를 1 ~ 12시간 이후에 시작하도록 예약합니다.
G	동작 중인 클린킹이 정지합니다. 청소를 예약한 경우 예약이 취소됩니다. 스마트 진단 기능 작동 중 스마트 진단이 취소됩니다.
H	클린킹이 지그재그 주행 방식으로 청소합니다.

• 리모컨을 사용하여 클린킹의 전원을 켤 수는 없습니다.
• 본체 전원이 꺼진 상태에서는 리모컨이 동작하지 않습니다.
• 전원을 켜고 끄기는 클린킹 상단의 '시작/정지' 버튼을 이용하세요.
• 집중 청소, 청소 예약, 지그재그 청소, 꼼꼼 청소는 클린킹을 정지시키고 실행시켜 주세요.

43 다음 중 위의 클린킹 사용설명서를 올바르게 이해한 설명은 어느 것인가?

① 평소 청소 시간인 20분보다 더 긴 30분 간 청소를 하기 위해서는 예약버튼을 사용하여 청소 시간을 30분으로 설정하면 된다.
② 클린킹의 본체와 리모컨의 충전 버튼은 동일한 기능을 수행한다.
③ 스마트 진단 기능을 취소하려면 반드시 본체의 '스마트 진단' 버튼을 눌려야 한다.
④ 원하는 방향으로 클린킹을 이동시키며 청소하고자 할 때는 스마트 설정 기능을 사용한다.

44 다음 중 클린킹을 구매한 A 씨의 적절한 사용 사례가 아닌 것은 어느 것인가?

① A 씨는 특정 장소를 집중 청소하기 위하여 지그재그 모드에서 집중 청소 모드로의 전환을 위하여 청소 중이던 클린킹을 정지시켰다.
② A 씨는 청소 예약시간보다 일찍 청소를 시작하기 위하여 예약된 청소시간을 취소하고자 리모컨의 정지 버튼을 눌렀다.
③ 청소를 마친 A 씨는 정지 버튼을 눌러 클린킹의 작동을 멈추었고 전원을 끄기 위해 다시 정지 버튼을 좀 더 길게 눌렀다.
④ A 씨는 리모컨으로 클린킹의 전원을 켜고자 하였으나 작동하지 않자, 리모컨의 배터리를 새것으로 교체하였다.

| 45 ~ 46 | 다음은 우리나라 고령 인구의 전망치를 나타낸 자료이다. 다음을 보고 이어지는 물음에 답하시오.

〈인구 고령화 전망치〉

(단위: 천 명, %, 해당인구 100명 당 명)

	총인구	65세 이상	비율	노령화 지수	노년부양비
1990	42,869	2,195	5.1	20.0	7.4
2000	47,008	3,395	7.2	34.3	10.1
2010	49,554	5,366	10.8	67.2	14.8
2017	51,446	7,076	13.8	104.8	18.8
2020	51,974	8,134	15.6	123.7	21.8
2030	52,941	12,955	24.5	212.1	38.2
2040	52,198	17,120	32.8	303.2	58.2
2050	49,433	18,813	38.1	399.0	72.6
2060	45,246	18,536	41.0	434.6	( )

※ 1) 노령화 지수 = (65세 이상 인구 ÷ 0~14세 인구) × 100
  2) 노년부양비 = (65세 이상 인구 ÷ 15~64세 인구) × 100

45 위의 자료를 참고할 때, 2060년 노년부양비로 알맞은 것은 어느 것인가?

① 81.8
② 82.6
③ 84.5
④ 85.2

46 위의 자료에 대한 올바른 해석으로 볼 수 없는 것은 어느 것인가?

① 15 ~ 64세 인구 100명당 부양해야 할 고령인구의 수는 1990년 대비 2050년에 10배 가까이 증가할 전망이다.
② 고령인구를 부양하는 인구의 수를 측정할 경우에는 14세 이하 인구의 수는 제외한다.
③ 노령화 지수는 전체 인구의 수에서 65세 이상 인구가 차지하는 비율을 의미한다.
④ 0 ~ 14세 인구 100명당 고령인구의 수는 2040년 대비 2050년에 30% 이상 증가할 전망이다.

47 다음과 같은 상황에 대하여 A에게 해줄 수 있는 조언으로 알맞은 것은?

> 대학을 졸업한 A는 여러 차례 구직 활동을 하였지만 마땅한 직업을 찾지 못하고 있다. A는 힘들고, 더럽고, 위험한 일에는 종사하고 싶은 마음이 없기 때문이다.

> ㉠ 명예와 부를 획득하기 위해서 어떠한 직업도 마다해선 안 된다.
> ㉡ 생업이 없으면 도덕적 마음도 생길 수 없다.
> ㉢ 예(禮)를 통해 나누어지는 사회적 신분에 성실히 응해야 한다.
> ㉣ 힘든 일이라도 소명 의식을 갖고 신의 부름에 응해야 한다.

① ㉠㉡   ② ㉠㉢
③ ㉡㉢   ④ ㉡㉣

┃48 ~ 49┃ 다음 자료를 읽고 이어지는 물음에 답하시오.

> 전교생이 560명인 한국개발고등학교의 전교회장 선거에 동철과 혜린이 입후보하였다. 이번 선거의 최대 관심사는 자율학습 시간의 조정이다. 학생들은 자신이 선호하는 시간과 가장 가까운 시간을 공약하는 후보에게 반드시 투표한다. 예컨대, 동철이 2시간, 혜린이 5시간을 공약한다면 3시간을 선호하는 학생은 동철에게 투표한다. 만약 두 후보가 공약한 시간과 자신이 선호하는 시간의 차이가 같다면 둘 중 한 명을 50%의 확률로 선택한다. 설문조사 결과 학생들의 자율학습 시간 선호 분포는 다음 그림과 같다.

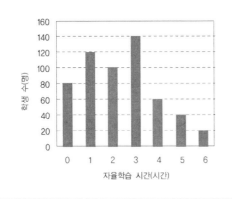

48 위의 자료에 대한 올바른 설명을 〈보기〉에서 모두 고른 것은 어느 것인가?

> 〈보기〉
> ㉠ 0 ~ 2시간을 선호하는 학생들이 4 ~ 6시간을 선호하는 학생들보다 많다.
> ㉡ 혜린이 2시간을 공약하고 동철이 3시간을 공약한다면 동철이 더 많은 표를 얻을 수 있다.
> ㉢ 혜린이 5시간을 공약한다면 동철은 4시간을 공약하는 것이 5시간을 공약하는 것보다 많은 표를 얻을 수 있다.
> ㉣ 동철이 1시간을 공약한다면 혜린은 3시간을 공약하는 것이 2시간을 공약하는 것보다 많은 표를 얻을 수 있다.

① ㉠㉡   ② ㉠㉢
③ ㉠㉣   ④ ㉡㉣

49 각 후보가 자신이 당선될 가능성이 가장 높은 자율학습 시간을 공약으로 내세울 때, 동철과 혜린의 공약으로 적절한 것은 어느 것인가?

① 동철은 2시간을 공약하고 혜린은 3시간을 공약한다.
② 동철은 3시간을 공약하고 혜린은 2시간을 공약한다.
③ 동철과 혜린 모두 2시간을 공약한다.
④ 동철과 혜린 모두 3시간을 공약한다.

50 다음 대화의 빈칸에 들어갈 내용으로 적절하지 않은 것은?

> 교사 : '노블레스 오블리주'가 무슨 뜻인가요?
> 학생 : 사회 지도층이 공동체를 위해 지녀야 할 도덕성을 의미합니다.
> 교사 : 그렇다면 그 구체적인 예로 어떤 것이 있을까요?
> 학생 : ＿＿＿＿＿＿＿＿＿＿ 등이 있습니다.

① 법관이 은퇴한 후 무료 변호 활동을 하는 것
② 전문직 종사자가 사회에 대한 부채 의식을 버리는 것
③ 의사가 낙후된 지역에서 의료 봉사활동을 하는 것
④ 교수가 재능 기부에 참여하여 지식을 나누는 것

>> 기계 · 전기일반

51 V를 임의 스칼라라 할 때 $grad\,V$의 직각 좌표에 있어서의 표현은?

① $\dfrac{\partial V}{\partial x} + \dfrac{\partial V}{\partial y} + \dfrac{\partial V}{\partial z}$

② $i\dfrac{\partial V}{\partial x} + j\dfrac{\partial V}{\partial y} + k\dfrac{\partial V}{\partial z}$

③ $\dfrac{\partial^2 V}{\partial x^2} + \dfrac{\partial^2 V}{\partial y^2} + \dfrac{\partial^2 V}{\partial z^2}$

④ $i\dfrac{\partial^2 V}{\partial x^2} + j\dfrac{\partial^2 V}{\partial y^2} + k\dfrac{\partial^2 V}{\partial z^2}$

52 평면 2차함수로 표현되는 전위가 $V = 4y^2 + 2z$로 주어질 때 $y = 2,\ z = 1$에서의 전계의 세기[V/m]는?

① $8i + 2j$

② $-8i - 2k$

③ $16j + 2k$

④ $-16j - 2k$

53 두 점전하의 거리를 $\dfrac{1}{2}$로 하면 이때의 힘은 몇 배로 되는가?

① $\dfrac{1}{2}$배

② $\dfrac{1}{4}$배

③ 2배

④ 4배

54 정전계의 설명으로 가장 적당한 것은?

① 전계 에너지가 최대로 되는 전하분포의 전계이다

② 전계 에너지와 무관한 전하분포의 전계이다

③ 전계 에너지가 일정하게 유지되는 전하분포의 전계이다

④ 전계 에너지가 최소로 되는 전하분포의 전계이다

55 C [F]의 콘덴서에 100[V]의 직류전압을 가했더니 축적된 에너지가 100[J]이었다면 콘덴서는 몇 [F]인가?

① 0.01

② 0.02

③ 0.03

④ 0.04

56 무한한 넓이를 가지는 두 평판 도체의 간격이 d만큼 떨어져 있고, 매질의 비유전율이 ϵ_r의 경우 단위면적당 정전용량은?

① d에 비례한다.

② d^2에 비례한다.

③ d^2에 반비례한다.

④ ϵ_r에 비례한다.

57 50회 감은 코일에 10[A]의 전류를 흐르게 할 때 기자력은 얼마인가?

① 5[AT]

② 60[AT]

③ 500[AT]

④ 1,000[AT]

58 단면적 5[cm²], 길이 1[m], 비투자율이 10^3인 환상철심에 600회의 권선을 행하고 이것에 0.5[A]의 전류를 흐르게 한 경우의 기자력은?

① 100[AT]

② 200[AT]

③ 300[AT]

④ 400[AT]

59 임의의 코일에 일정한 전자에너지를 축적하려고 할 경우 전류를 2배로 늘렸을 때 자기 인덕턴스는 몇 배로 하여야 좋은가?

① $\dfrac{1}{2}$

② $\dfrac{1}{4}$

③ 2

④ 4

60 다음과 같은 환상 솔레노이드의 평균 길이 l 이 40[cm]이고, 감은 횟수가 200회일 때 0.5[A]의 전류를 흘리면 자기장의 세기는 얼마인가?

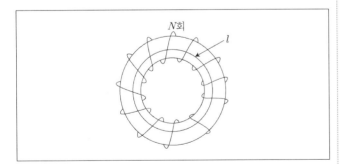

① 125[AT/m]

② 150[AT/m]

③ 200[AT/m]

④ 250[AT/m]

61 코일을 통과하는 자속의 변화가 1[Wb/sec]일 때 이 코일에 유기되는 기전력은?

① 4[V]

② 0.5[V]

③ 1[V]

④ 2[V]

62 다음 회로에 흐르는 전류는?

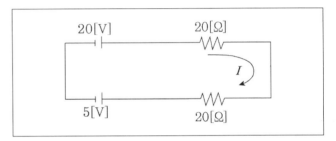

① 0.5[A]

② 1[A]

③ 5[A]

④ 10[A]

63 다음 회로에서 I_3을 구하면?

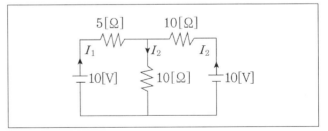

① 0.25[A]

② 0.5[A]

③ 0.75[A]

④ 1[A]

64 다음 회로에 전압 100[V]를 가할 때 10[Ω]의 저항에 흐르는 전류는 얼마인가?

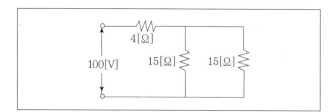

① 4[A]

② 6[A]

③ 8[A]

④ 10[A]

65 다음의 교류전압과 전류의 위상차로 옳은 것은?

$$V = \sqrt{2}\,sin\left(\omega t + \frac{\pi}{4}\right)[V], \ I = \sqrt{2}\,I\sin\left(\omega t + \frac{\pi}{2}\right)[A]$$

① $\frac{\pi}{2}$ [rad]

② $\frac{\pi}{4}$ [rad]

③ $\frac{\pi}{3}$ [rad]

④ $\frac{2\pi}{3}$ [rad]

66 RLC 병렬회로에서 유도성 회로가 되기 위한 조건은?

① $X_L > X_C$

② $X_L + X_C = 0$

③ $X_L < X_C$

④ $X_L = X_C$

67 저항 6[Ω], 유도 리액턴스 10[Ω], 용량 리액턴스 2[Ω]인 직렬회로의 임피던스는 얼마인가?

① 6[Ω]

② 8[Ω]

③ 10[Ω]

④ 12[Ω]

68 출력이 5[kW], 효율이 60[%]인 전동기를 1시간 사용했을 때 소비되는 전력량은?

① 1[kWh]

② 2[kWh]

③ 3[kWh]

④ 4[kWh]

69 $Z = 8 + j6[Ω]$인 평형 Y 부하에 선간전압 200[V]인 대칭 3상전압을 인가할 때 선전류 [A]는?

① 11.5

② 10.5

③ 7.5

④ 5.5

70 임피던스 $Z(s)$가 $\dfrac{s+20}{s^2 + 2RLs + 2}$[Ω]으로 주어지는 2단자 회로에 직류전원 20[A]를 가할 때 회로의 단자전압 [V]은?

① 100

② 200

③ 300

④ 400

71 비선형 회로에서 생기는 일그러짐(distortion)에 대한 설명으로 옳은 것은?

① 입력신호의 성분 중에 잡음이 섞여 생긴다.
② 출력측에 입력신호의 고조파가 발생함으로써 생긴다.
③ 입력측에 출력신호의 고조파가 발생함으로써 생긴다.
④ 출력신호의 성분 중에 잡음이 섞여 생긴다.

72 $f(t) = \sin t + 2\cos t$를 라플라스 변환하면?

① $\dfrac{2s}{(s+1)^2}$

② $\dfrac{2s+1}{s^2+1}$

③ $\dfrac{2s+1}{(s+1)^2}$

④ $\dfrac{2s}{s^2+1}$

73 $e^{j\omega t}$의 라플라스 변환은?

① $\dfrac{\omega}{s^2+\omega^2}$

② $\dfrac{1}{s^2+\omega^2}$

③ $\dfrac{1}{s+j\omega}$

④ $\dfrac{1}{s-j\omega}$

74 다음 R-L 회로에서 t = 0인 시점에 스위치(SW)를 닫았을 때에 대한 설명으로 옳은 것은?

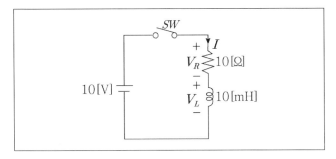

① 회로에 흐르는 초기 전류(t = 0+)는 1 A이다.
② 회로의 시정수는 10 ms이다.
③ 최종적(t = ∞)으로 V_R 양단의 전압은 10 V이다.
④ 최초(t = 0+)의 V_L 양단의 전압은 0 V이다.

75 RL 직렬회로에 $v = V_m \sin(\omega t - \theta)$인 전압을 가했을 때 회로에 흐르는 전류의 순시값은? (단, $\phi = \tan^{-1}\dfrac{\omega L}{R}$)

① $i = V_m \sqrt{R^2 + \omega^2 L^2}\, sin(\omega t - \theta + \phi)$

② $i = \dfrac{V_m}{\sqrt{R^2 + \omega^2 L^2}}\, sin(\omega t - \theta - \phi)$

③ $i = \dfrac{V}{\sqrt{R^2 + (\omega L)^2}}\, sin(\omega t - \theta - \phi)$

④ $i = \dfrac{V}{\sqrt{R^2 + (\omega L)^2}}\, sin(\omega t - \theta + \phi)$

76 공작기계에 의해 이루어지는 것으로 주로 절삭가공을 말하는 것은?

① 소성가공
② 주조가공
③ 기계가공
④ 손다듬질

77 다음 중 다이캐스팅의 장점으로 옳지 않은 것은?

① 정도가 높고 주물 표면이 깨끗하다.

② 강도가 높다.

③ 얇은 주물의 주조가 가능하다.

④ 용융점이 높은 금속의 주조도 가능하다.

78 소성가공법에 대한 설명으로 옳지 않은 것은?

① 압출 : 상온 또는 가열된 금속을 용기 내의 다이를 통해 밀어내어 봉이나 관 등을 만드는 가공법

② 인발 : 금속 봉이나 관 등을 다이를 통해 축방향으로 잡아당겨 지름을 줄이는 가공법

③ 압연 : 열간 혹은 냉간에서 금속을 회전하는 두 개의 롤러 사이를 통과시켜 두께나 지름을 줄이는 가공법

④ 전조 : 형을 사용하여 판상의 금속 재료를 굽혀 원하는 형상으로 변형시키는 가공법

79 각종 용접법에 대한 설명으로 옳은 것은?

① TIG 용접(GTAW)은 소모성인 금속전극으로 아크를 발생시키고, 녹은 전극은 용가재가 된다.

② MIG 용접(GMAW)은 비소모성인 텅스텐 전극으로 아크를 발생시키고, 용가재를 별도로 공급하는 용접법이다.

③ 일렉트로 슬래그 용접(ESW)은 산화철 분말과 알루미늄 분말의 반응열을 이용하는 용접법이다.

④ 서브머지드 아크 용접(SAW)은 노즐을 통해 용접부에 미리 도포된 용제(flux) 속에서, 용접봉과 모재 사이에 아크를 발생시키는 용접법이다.

80 절삭가공에서 절삭온도와 공구의 경도에 대한 설명으로 옳지 않은 것은?

① 전단면에서 전단소성변형에 의한 열이 발생한다.

② 공구의 온도가 상승하면 공구재료는 경화한다.

③ 칩과 공구 윗면과의 사이에 마찰열이 발생한다.

④ 공구의 온도가 상승하면 공구의 수명이 단축된다.

81 절삭가공의 기본 운동에는 절삭운동, 이송운동, 위치조정 운동이 있다. 다음 중 주로 공작물에 의해 이송운동이 이루어지는 공작기계끼리 짝지어진 것은?

① 선반, 밀링머신

② 밀링머신, 평면연삭기

③ 드릴링머신, 평면연삭기

④ 선반, 드릴링머신

82 탭의 기초 구멍의 계산식으로 옳은 것은? [단, d = 나사 기초 드릴의 지름(mm), p = 나사의 피치, D = 나사의 바깥지름(mm)]

① $d = D - p$

② $D = p \times d$

③ $p = D - 2d$

④ $d = \dfrac{D}{p}$

83 숫돌에 회전운동, 왕복운동, 작은 진동을 주어 원통, 외면, 내면, 평면 등을 가공하는 방법은?

① 래핑

② 전해연마

③ 슈퍼피니싱

④ 액체 호닝

84 블록 게이지의 용도별 등급 중 공작용의 등급은?

① AA
② A
③ B
④ C

85 다음 중 파괴강도를 구하는 공식은?

① $\sigma = \dfrac{최대하중}{시험편의\ 단면적}$
② $\sigma = \dfrac{탄성한계}{시험편의\ 단면적}$

③ $\sigma = \dfrac{파괴하중}{시험편의\ 단면적}$
④ $\sigma = \dfrac{시험편의\ 단면적}{파괴하중}$

86 금형용 합금공구강의 KS 규격에 해당하는 것은?

① STD 11
② SC 360
③ SM 45C
④ SS 400

87 표면경화 열처리 방법에 대한 설명으로 옳지 않은 것은?

① 침탄법은 저탄소강을 침탄제 속에 파묻고 가열하여 재료 표면에 탄소가 함유되도록 한다.
② 청화법은 산소 아세틸렌 불꽃으로 강의 표면만을 가열하고 중심부는 가열되지 않게 하고 급랭시키는 방법이다.
③ 질화법은 암모니아 가스 속에 강을 넣고 가열하여 강의 표면이 질소 성분을 함유하도록 하여 경도를 높인다.
④ 고주파경화법은 탄소강 주위에 코일 형상을 만든 후 탄소강 표면에 와전류를 발생시킨다.

88 비철금속에 대한 설명으로 옳지 않은 것은?

① 비철금속으로는 구리, 알루미늄, 티타늄, 텅스텐, 탄탈럼 등이 있다.
② 지르코늄은 고온강도와 연성이 우수하며, 중성자 흡수율이 낮기 때문에 원자력용 부품에 사용한다.
③ 마그네슘은 공업용 금속 중에 가장 가볍고 진동감쇠 특성이 우수하다.
④ 니켈은 자성을 띠지 않으며 강도, 인성, 내부식성이 우수하다.

89 비결정 구조를 가지고 있는 재료이고, 산성 성분과 염기성 성분을 알맞게 조합하여 1,300 ~ 1,600℃의 고온에서 용융·고화시켜 만드는 것은?

① 고무
② 유리
③ 세라믹
④ 탄소강

90 초전도재료의 응용분야가 아닌 것은?

① 고속열차
② 자기부상열차
③ 원자로 자기장치
④ 자기분리와 여과

91 1줄 나사에서 나사를 축방향으로 20mm 이동시키는 데 2회전이 필요할 때, 이 나사의 피치[mm]는?

① 1
② 5
③ 10
④ 20

92 ㉠, ㉡에 들어갈 축 이음으로 적절한 것은?

> 두 축의 중심선을 일치시키기 어렵거나, 진동이 발생되기 쉬운 경우에는 ㉠을 사용하여 축을 연결하고, 두 축이 만나는 각이 수시로 변화하는 경우에는 ㉡이(가) 사용된다.

	㉠	㉡
①	플랜지 커플링	유니버설 조인트
②	플렉시블 커플링	유니버설 조인트
③	플랜지 커플링	유체 커플링
④	플렉시블 커플링	유체 커플링

93 벨트 전동의 한 종류로 벨트와 풀리(pulley)에 이(tooth)를 붙여서 이들의 접촉에 의하여 구동되는 전동 장치의 일반적인 특징으로 옳지 않은 것은?

① 효과적인 윤활이 필수적으로 요구된다.

② 미끄럼이 대체로 발생하지 않는다.

③ 정확한 회전비를 얻을 수 있다.

④ 초기 장력이 작으므로 베어링에 작용하는 하중을 작게 할 수 있다.

94 단면이 직사각형이고 길이가 L인 외팔보형 단판 스프링에서 최대 처짐이 δ_0이고, 스프링의 두께를 2배로 하였을 때 최대 처짐이 δ일 경우 δ/δ_0는? (단, 다른 조건은 동일하다)

① 1/16 ② 1/8

③ 1/4 ④ 1/2

95 유압제어 밸브 중 압력 제어용이 아닌 것은?

① 릴리프(Relief) 밸브

② 카운터밸런스(Counter Balance) 밸브

③ 체크(Check) 밸브

④ 시퀀스(Sequence) 밸브

96 가솔린 기관에서 노크가 발생할 때 일어나는 현상으로 가장 옳지 않은 것은?

① 연소실의 온도가 상승한다.

② 금속성 타격음이 발생한다.

③ 배기가스의 온도가 상승한다.

④ 최고 압력은 증가하나 평균유효압력은 감소한다.

97 이상 유체가 에너지의 손실없이 관속을 정상유동할 때 어떤 단면에서도 단위 총에너지는 항상 일정하다는 법칙은?

① 파스칼의 원리

② 연속의 법칙

③ 베르누이의 정리

④ 에너지보존의 법칙

98 냉매의 구비 조건에 대한 설명으로 옳지 않은 것은?

① 응축 압력과 응고 온도가 높아야 한다.

② 임계 온도가 높고, 상온에서 액화가 가능해야 한다.

③ 증기의 비체적이 작아야 하고, 부식성이 없어야 한다.

④ 증발 잠열이 크고, 저온에서도 증발 압력이 대기압 이상이어야 한다.

99 크레인을 대차 위에 설치하여 회전하거나 경사각을 변화시키며 하역하는 기계는?

① 천장 크레인

② 갠트리 크레인

③ 지브 크레인

④ 컨테이너 크레인

100 지면을 절삭하여 평활하게 다듬고자 한다. 다음 중 표면 작업 장비로 가장 적합한 것은?

① 그레이더(grader)

② 스크레이퍼(scraper)

③ 도저(dozer)

④ 굴삭기

부산교통공사 봉투모의고사 OMR카드

성명	
0명	
0성	

생년월일

	⓪	①	②	③	④	⑤	⑥	⑦	⑧	⑨
	⓪	①	②	③	④	⑤	⑥	⑦	⑧	⑨
	⓪	①	②	③	④	⑤	⑥	⑦	⑧	⑨
	⓪	①	②	③	④	⑤	⑥	⑦	⑧	⑨
	⓪	①	②	③	④	⑤	⑥	⑦	⑧	⑨
	⓪	①	②	③	④	⑤	⑥	⑦	⑧	⑨
	⓪	①	②	③	④	⑤	⑥	⑦	⑧	⑨
	⓪	①	②	③	④	⑤	⑥	⑦	⑧	⑨

No.						No.						No.						No.						No.					
1	① ② ③ ④ ⑤	21	① ② ③ ④ ⑤	41	① ② ③ ④ ⑤	61	① ② ③ ④ ⑤	81	① ② ③ ④ ⑤
2	① ② ③ ④ ⑤	22	① ② ③ ④ ⑤	42	① ② ③ ④ ⑤	62	① ② ③ ④ ⑤	82	① ② ③ ④ ⑤
3	① ② ③ ④ ⑤	23	① ② ③ ④ ⑤	43	① ② ③ ④ ⑤	63	① ② ③ ④ ⑤	83	① ② ③ ④ ⑤
4	① ② ③ ④ ⑤	24	① ② ③ ④ ⑤	44	① ② ③ ④ ⑤	64	① ② ③ ④ ⑤	84	① ② ③ ④ ⑤
5	① ② ③ ④ ⑤	25	① ② ③ ④ ⑤	45	① ② ③ ④ ⑤	65	① ② ③ ④ ⑤	85	① ② ③ ④ ⑤
6	① ② ③ ④ ⑤	26	① ② ③ ④ ⑤	46	① ② ③ ④ ⑤	66	① ② ③ ④ ⑤	86	① ② ③ ④ ⑤
7	① ② ③ ④ ⑤	27	① ② ③ ④ ⑤	47	① ② ③ ④ ⑤	67	① ② ③ ④ ⑤	87	① ② ③ ④ ⑤
8	① ② ③ ④ ⑤	28	① ② ③ ④ ⑤	48	① ② ③ ④ ⑤	68	① ② ③ ④ ⑤	88	① ② ③ ④ ⑤
9	① ② ③ ④ ⑤	29	① ② ③ ④ ⑤	49	① ② ③ ④ ⑤	69	① ② ③ ④ ⑤	89	① ② ③ ④ ⑤
10	① ② ③ ④ ⑤	30	① ② ③ ④ ⑤	50	① ② ③ ④ ⑤	70	① ② ③ ④ ⑤	90	① ② ③ ④ ⑤
11	① ② ③ ④ ⑤	31	① ② ③ ④ ⑤	51	① ② ③ ④ ⑤	71	① ② ③ ④ ⑤	91	① ② ③ ④ ⑤
12	① ② ③ ④ ⑤	32	① ② ③ ④ ⑤	52	① ② ③ ④ ⑤	72	① ② ③ ④ ⑤	92	① ② ③ ④ ⑤
13	① ② ③ ④ ⑤	33	① ② ③ ④ ⑤	53	① ② ③ ④ ⑤	73	① ② ③ ④ ⑤	93	① ② ③ ④ ⑤
14	① ② ③ ④ ⑤	34	① ② ③ ④ ⑤	54	① ② ③ ④ ⑤	74	① ② ③ ④ ⑤	94	① ② ③ ④ ⑤
15	① ② ③ ④ ⑤	35	① ② ③ ④ ⑤	55	① ② ③ ④ ⑤	75	① ② ③ ④ ⑤	95	① ② ③ ④ ⑤
16	① ② ③ ④ ⑤	36	① ② ③ ④ ⑤	56	① ② ③ ④ ⑤	76	① ② ③ ④ ⑤	96	① ② ③ ④ ⑤
17	① ② ③ ④ ⑤	37	① ② ③ ④ ⑤	57	① ② ③ ④ ⑤	77	① ② ③ ④ ⑤	97	① ② ③ ④ ⑤
18	① ② ③ ④ ⑤	38	① ② ③ ④ ⑤	58	① ② ③ ④ ⑤	78	① ② ③ ④ ⑤	98	① ② ③ ④ ⑤
19	① ② ③ ④ ⑤	39	① ② ③ ④ ⑤	59	① ② ③ ④ ⑤	79	① ② ③ ④ ⑤	99	① ② ③ ④ ⑤
20	① ② ③ ④ ⑤	40	① ② ③ ④ ⑤	60	① ② ③ ④ ⑤	80	① ② ③ ④ ⑤	100	① ② ③ ④ ⑤

부산교통공사
운전직

- 정답 및 해설 -

≫ 직업기초능력평가

1 ④

'개최'는 모임이나 회의 따위를 주최하여 엶을 의미한다. 문맥상 품평회는 모임이나 회의 등에 해당하므로 '개최'가 가장 적절하다.

① **접수** : 신청서나 신고 따위를 일정한 형식 요건 아래 받음

② **토론** : 어떤 문제에 대하여 여러 사람이 각자의 의견을 내세워 그것의 정당함을 논함

③ **발표** : 일의 결과나 어떠한 사실 등을 세상에 널리 드러내어 알림

2 ③

①은 '북', ②는 '타입', ④는 '클리닝'이 맞는 표기이다.

※ **외래어 표기법 제3항** ⋯ 받침에는 'ㄱ, ㄴ, ㄹ, ㅁ, ㅂ, ㅅ, ㅇ'만을 쓴다.

3 ③

ⓒ '그러기에'의 바로 앞 문장인 '문화 전쟁의 무기는 ∼ 때문이다.'는 '독서율이 낮으면 문화 전쟁 시대를 이겨낼 수 없는'의 이유가 되며, 뒤에 이어지는 문장 '책을 읽지 않는 국민에게는 미래가 없다.'는 결과가 된다. 이유와 결과를 연결하여 주는 접속어로 '그러나'를 사용하는 것은 적절치 않고, '그러기에'를 그냥 두거나 '그러므로', '따라서' 등으로 고치는 것이 옳다.

4 ③

'방관(傍觀)'은 어떤 일에 직접 나서서 관여하지 않고 곁에서 보기만 한다는 의미로 '구경만하고' 등으로 풀이하는 것이 적절하다.

5 ④

수취확인 문의전화는 언어적 의사소통에 해당한다. 문서적 의사소통에는 거래처에서 보내온 수취확인서, 박 대리에게 메모한 업무지시, 영문 운송장 작성, 주간업무보고서 작성 등이 해당된다.

6 ④

B전자는 세계 스마트폰 시장 1등이며, 최근 중저가폰의 판매량이 40%로 나타났지만 B전자의 주력으로 판매하는 폰이 저가폰인지는 알 수 없다.

7 ③

세 번째 문단에 따르면 거미는 돌아다닐 때 사냥용 거미줄인 가로줄을 밟지 않으려고 각별히 조심한다. 따라서 ③은 적절하지 않다.

8 ④

ⓔ 감지(感知)는 '느끼어 앎'이라는 의미이다.

9 ③

나열된 숫자들을 보면 전항에 +5, +6, +11, +12, +17 순으로 규칙이 적용되고 있다. 더해진 숫자들 규칙을 살펴보면 그 차이가 +1, +5, +1, +5를 반복한다. 따라서 빈칸에 들어갈 수는 54 + 18 = 72이다.

10 ④

비밀번호의 끝 두 자리를 순서대로 x, y라 하면

a	b	c	4	2	x	y

문제에 따라 연립방정식으로 나타내어 풀면

$$\begin{cases} y = 2x \\ 4+2+x+y = 15 \end{cases} \Rightarrow \begin{cases} y = 2x \\ x+y = 9 \end{cases}$$

$x = 3$, $y = 6$

따라서 구하는 비밀번호는 [abc4236]이다.

정답 및 해설

11 ②

아버지의 일생을 x라 하면 총 자란 일생을 더하여 x가 되어야 하므로

$$\left(\frac{1}{6}\times x\right)+\left(\frac{1}{12}\times x\right)+\left(\frac{1}{7}\times x\right)+5+\left(\frac{1}{2}\times x\right)+4=x$$

$$\frac{1}{6}x+\frac{1}{12}x+\frac{1}{7}x+5+\frac{1}{2}x+4=x$$

$$\frac{14}{84}x+\frac{7}{84}x+\frac{12}{84}x+5+\frac{42}{84}x+4=x$$

$$\frac{75}{84}x-x=-9$$

$$9x=756$$

$$\therefore x=84$$

12 ③

첫 번째 간식이 쿠키일 확률 $=\dfrac{2}{6}$

두 번째 간식이 쿠키일 확률 $=\dfrac{1}{5}$

따라서 2개가 모두 쿠키일 확률 $=\dfrac{2}{6}\times\dfrac{1}{5}=\dfrac{1}{15}$ 이다.

13 ①

과일 5종류 중 2개를 선택하고 동시에 채소 3종류 중 2개를 선택하는 곱의 사건이므로 각각의 조합을 곱하면 된다. 따라서 $_5C_2\times{}_3C_2=30$가지이다.

14 ③

③ 높이가 2m 이상인 제빙기는 D와 E로 각각 반달, 사각 형태의 얼음을 생산할 수 있으므로 높이가 2m 이상인 제빙기 중 가루 형태의 얼음을 생산할 수 있는 제빙기는 없다.

① 공랭식 제빙기 중 F가 120kg으로 1일 생산량이 가장 크다.

② 공랭식 제빙기 F는 수랭식 제빙기 C, H보다 1일 생산량이 크다.

④ 바닥면적이 가장 큰 제빙기는 D이다.

15 ①

다음 표에서 채울 수 있는 부분을 완성하면 다음과 같다.

항목\샘플	총질소	암모니아성 질소	질산성 질소	유기성 질소	TKN
A	46.24	14.25	2.88	29.11	43.36
B	37.38	6.46	(5.91)	25.01	(31.47)
C	40.63	15.29	5.01	20.33	35.62
D	54.38	(12.48)	(4.99)	36.91	49.39
E	41.42	13.92	4.04	23.46	37.38
F	(40.33)	( )	5.82	( )	34.51
G	30.73	5.27	3.29	22.17	27.44
H	25.29	12.84	(4.57)	7.88	20.72
I	(41.58)	5.27	1.12	35.19	40.46
J	38.82	7.01	5.76	26.05	33.06
평균	39.68	( )	4.34	( )	35.34

이를 근거로 〈보기〉의 내용을 살펴보면 다음과 같다.

㉠ 샘플 A의 총질소 농도는 샘플 I의 총질소 농도보다 높다. (○)

㉡ 샘플 B의 TKN 농도는 30mg/L 이상이다. (○)

㉢ 샘플 B의 질산성 질소 농도는 샘플 D의 질산성 질소 농도보다 낮다. (×)

㉣ 샘플 F는 암모니아성 질소 농도가 유기성 질소 농도보다 높다. (×)

→ 주어진 자료로 샘플 F의 암모니아성 질소 농도와 유기성 질소 농도를 비교할 수 없다.

따라서 올바른 설명은 ㉠, ㉡이다.

16 ②

총질소 농도가 평균값보다 낮은 샘플 : B, G, H, J

질산성 질소 농도가 평균값보다 낮은 샘플 : A, E, G, I

따라서 둘 다 평균값보다 낮은 샘플은 G뿐이다.

17 ②

사업 환경을 구성하고 있는 요소인 자사, 경쟁사, 고객을 3C라고 하며, 3C에 대한 체계적인 분석을 통해서 환경 분석을 수행할 수 있다.

정답 및 해설

18 ①

문제해결과정 중 가장 먼저 해야 될 일은 해결해야 할 문제를 인식하는 일이다. 그러나 문제를 인식하기 위해서는 현상에 만족하지 않고 전향적인 자세로 개선을 하고자 하는 <u>문제의식</u>과 <u>의욕</u>이 있어야 한다.

19 ④

P(甲이 축구를 한다), Q(乙이 야구를 한다), R(丙이 농구를 한다), S(丁이 배구를 한다)일 때 참인 명제를 보면 P → Q, Q → R, R → S이므로 ~S → ~R, ~R → ~Q, ~Q → ~P역시 참이 된다. 따라서 ~S → ~P 역시 참이 되며 정답은 ④이다.

20 ④

- 산지 A가 선택되지 않으면 ⓒ과 ⓔ이 모순된다.
- 산지 A가 선택되면 ⊙과 ⓒ에 의해 C와 D가 선택된다.
- 산지 B가 선택되지 않으면 ⓔ에서 모순이 생기므로 산지 B가 선택된다.
- 산지 E가 선택되는지에 대한 여부는 주어진 정보로 알 수 없다.

∴ 반드시 선택되는 산지는 A, B, C, D 총 4개이다.

21 ②

- ⊙ 미진의 말이 참이면 태민의 말도 참이므로 미진의 말은 거짓이다.
  → 세미나는 월요일, 수요일 둘 다 아니다.
- ⓒ 가영의 말이 참이면 미진과 태민의 말도 참이므로 가영의 말은 거짓이다.
- ⓒ 민호의 말이 참이면 수진의 말도 참이고, 수진의 말이 참이면 민호의 말도 참이다. 따라서 민호와 수진의 말은 거짓이다.
  → 세미나는 금요일이 아니다.

∴ 진실을 말하고 있는 사람은 태민이고, 세미나가 열리는 요일은 화요일이다.

22 ④

SWOT 분석은 기업의 내부환경과 외부환경을 분석하여 강점(strength), 약점(weakness), 기회(opportunity), 위협(threat) 요인을 규정하고 이를 토대로 경영전략을 수립하는 기법이며 위협 요인은 기업 외부 환경으로 인해 비롯된 위협을 뜻한다.

④의 경우 기업 외부 환경으로 인해 비롯된 기회 요인에 들어가야 한다.

23 ③

반환금액 : $21,000 - 1,300 \times 6 - 100 = 13,100$원

24 ②

- ⊙ 민정 : 1,200(일반버스) + 100(환승운임) + 200(2구간 추가운임) = 1,500
  아들 : 800(일반버스) + 250(환승운임) + 150(2구간 추가운임) = 1,200
  ∴ 2,700(총 운임)
- ⓒ 중학생 1명 : 1,050(동해선 1구간) + 0(환승운임) = 1,050
  ∴ $1,050 \times 4 = 4,200$(총 운임)

25 ②

한 셀에 두 줄 이상 입력하려고 하는 경우 줄을 바꿀 때는 〈Alt〉+〈Enter〉를 눌러야 한다.

26 ③

$n=0$, $S=1$
$n=1$, $S=1+1^2$
$n=2$, $S=1+1^2+2^2$
...
$n=7$, $S=1+1^2+2^2+\cdots+7^2$
∴ 출력되는 S의 값은 141이다.

27 ①

IF함수는 논리검사를 수행하여 TRIE 혹은 FALSE에 해당하는 값을 반환한다. 제시된 함수는 다중 IF 함수로, 조건이 세 개인 경우 =IF(조건식,참,IF(조건식,참,거짓))의 형식으로 작성한다.

28 ②

터미널노드(Terminal Node)는 자식이 없는 노드로서 이 트리에서는 D, I, J, F, G, H 6개이다.

29 ②

㈏ 부분의 선택 – 처리 과정이 잘못되었다.
'구슬 개수 나누기 2의 나머지 ＝ 0' → (참) → 정답을 '짝수'로 정하기
'구슬 개수 나누기 2의 나머지 ＝ 0' → (거짓) → 정답을 '홀수'로 정하기

30 ①

주어진 자료를 통해 다음과 같은 구체적인 수치를 확인하여 도표로 정리할 수 있다.

	유치원 수	학급 수	원아 수	교원 수
국공립	4,799개	10,909개	172,287명	15,864명
사립	4,222개	26,840개	506,009명	39,028명

따라서 국공립 유치원 1개 당 평균 원아 수는 172,287 ÷ 4,799 ＝ 약 35.9명으로 가장 큰 수치가 된다.
② 26,840 ÷ 4,222 ＝ 약 6.4개
③ 39,028 ÷ 4,222 ＝ 약 9.2명
④ 172,287 ÷ 15,864 ＝ 약 10.9명

31 ③

오 대리가 수집하고자 하는 고객정보에는 고객의 연령과 현재 사용하고 있는 스마트폰의 모델, 좋아하는 디자인, 사용하면서 불편해 하는 사항, 지불 가능한 액수 등에 대한 정보가 반드시 필요하다.

32 ④

정보활용의 전략적 기획(5W2H)
㉠ WHAT(무엇을?) : 50 ～ 60대 고객들이 현재 사용하고 있는 스마트폰의 모델과 좋아하는 디자인, 사용하면서 불편해 하는 사항, 지불 가능한 액수 등에 대한 정보
㉡ WHERE(어디에서?) : 사내에 저장된 고객정보
㉢ WHEN(언제까지?) : 이번 주
㉣ WHY(왜?) : 스마트폰 신상품에 대한 기획안을 작성하기 위해
㉤ WHO(누가?) : 오 대리
㉥ HOW(어떻게?) : 고객센터에 근무하는 조대리에게 관련 자료를 요청
㉦ HOW MUCH(얼마나?) : 따로 정보수집으로 인한 비용이 들지 않는다.

33 ②

원/달러 환율이 1,100원일 때 1달러를 사려면 원화 1,100원을 지불해야 한다. 그런데 원/달러 환율이 1,000원으로 내려간다면(원화 값 상승) 1달러를 사기 위해 필요한 원화는 1,000원으로 줄어든다. 달러는 저렴해진 반면 원화는 가치가 높아진 것이다.
② 국내 기업의 수출 담당자들은 비상이 걸린다. 수출 위주 기업들은 외국에 물건을 팔고 대금으로 달러를 받는다. 그런데 원화가 강세를 보이면 수출대금으로 받는 달러 가치가 떨어진다. 원/달러 환율이 1,100원일 때 100만 달러를 수출한 기업이 수출대금을 원화로 환전하면 11억 원을 받는다. 하지만 원/달러 환율이 1,000원이라면 이 기업이 받게 될 원화는 10억 원으로 줄어든다.
① 외국여행을 떠나는 사람들도 이러한 현상을 반긴다. 원화 값 강세 덕에 외국에서 쓸 수 있는 돈이 사실상 늘어나기 때문이다.
③ 원화 값이 강세를 보이면 우선 부모들로서는 경제적 부담이 줄어든다. 외국에 있는 자녀의 생활비와 학자금을 보내주기 위한 달러를 저렴하게 살 수 있기 때문이다.
④ 수입품 구매가격도 내려가기 때문에 외국에서 제품을 구입해 국내로 들여오는 수입상이나 수입품을 선호하는 소비자들도 원화 강세를 반기게 된다. 달러화로 결제를 하는 스마트폰 유료 애플리케이션이나 국외 구매 대행 사이트 역시 원화가 강세를 보이면 달러를 원화로 환산한 결제액은 줄어든다.

정답 및 해설

34 ③

판관비를 대입하여 시기별 매출 자료를 다음과 같이 정리해 볼 수 있다.

(단위: 억 원)

	'21. 1분기	2분기	3분기	4분기	'22. 1분기	2분기
매출액	51	61	62	66	61	58
매출원가	39.1	44.8	45.3	48.5	43.0	40.6
매출총이익	11.9	16.2	16.7	17.5	18.0	17.4
판관비	2.0	2.1	2.2	2.3	2.4	2.5
영업이익	9.9	14.1	14.5	15.2	15.6	14.9

따라서 매출총이익에서 판관비가 차지하는 비중은 $2.0 \div 11.9 \times 100 =$ 약 16.8%인 2021년 1분기가 가장 큰 것을 확인할 수 있다.

① 매출원가는 2021년 4분기가 가장 크나, 매출총이익은 2022년 1분기가 가장 크다.

② 영업이익률은 2022년 1분기가 $15.6 \div 61 \times 100 =$ 약 25.6%이며, 2022년 2분기가 $14.9 \div 58 \times 100 =$ 약 25.7%이다.

④ 2022년 1분기에는 매출총이익과 영업이익이 증가하였으나, 매출원가는 감소하였다.

35 ④

저자 인세비는 매출에 직결되는 항목이므로 경비절감의 요소라기보다는 연구개발비에 해당한다. 그러므로 섣불리 경비절감의 항목에 포함해서는 안 된다.

36 ④

세 기관의 담당자가 공통으로 일정이 비어있는 목요일이 적합하다.

37 ①

甲 : 1845.6, 866.9, 47.0

乙 : 2040.4, 901.2, 44.2

丙 : 2187.2, 1140.9, 52.2

丁 : 3117.0, 1070.0, 34.3

戊 : 2009.2, 864.9, 43.0

38 ④

① 정재일은 모든 조건에 만족하나 기획팀은 인원 TO가 없으므로 합격이 어렵다.

② 이상이는 영업팀을 지원했으나 운전면허가 없으므로 합격이 어렵다.

③ 김동일은 해외사업팀을 지원했으나 2개 국어만 가능하므로 합격이 어렵다.

39 ②

학점 3.8 이상 / TOEIC 890 이상, 4년제 수도권 대학 졸업은 우대사항이지 필수사항이 아니다.

40 ③

주어진 발생원인 중 가장 많은 수를 차지한 기본적 원인은 작업 관리상 원인[안전관리 조직의 결함(45), 작업준비 불충분(162)]이다.

※ **산업재해의 기본적 원인**

㉠ **교육적 원인** : 안전 지식의 불충분, 안전 수칙의 오해, 경험이나 훈련의 불충분, 작업관리자의 작업 방법의 교육 불충분, 유해·위험 작업 교육 불충분 등

㉡ **기술적 원인** : 건물·기계 장치의 설계 불량, 구조물의 불안정, 재료의 부적합, 생산 공정의 부적당, 점검·정비·보존의 불량 등

㉢ **작업 관리상 원인** : 안전 관리 조직의 결함, 안전 수칙 미제정, 작업 준비 불충분, 인원 배치 및 작업 지시 부적당 등

※ **산업재해의 직접적 원인**

㉠ **불안전한 행동** : 위험 장소 접근, 안전장치 기능 제거, 보호 장비의 미착용 및 잘못된 사용, 운전 중인 기계의 속도 조작, 기계·기구의 잘못된 사용, 위험물 취급 부주의, 불안전한 상태 방치, 불안전한 자세와 동작, 감독 및 연락 잘못

㉡ **불안전한 상태** : 시설물 자체 결함, 전기 기설물의 누전, 구조물의 불안정, 소방기구의 미확보, 안전 보호 장치 결함, 복장·보호구의 결함, 시설물의 배치 및 장소 불량, 작업 환경 결함, 생산 공정의 결함, 경계 표시 설비의 결함 등

41 ④

주어진 혁신 활동은 후원자(Sponsoring or Coaching)의 역할로 후원자는 조직의 주요 의사결정에 대한 영향력을 발휘할 수 있는 사람이어야 한다.

※ 기술혁신의 과정과 역할

역할	혁신 활동	필요한 자질과 능력
아이디어 창안 (idea generation)	• 아이디어를 창출하고 가능성을 검증 • 일을 수행하는 새로운 방법 고안 • 혁신적인 진보를 위한 탐색	• 각 분야의 전문지식 • 추상화와 개념화 능력 • 새로운 분야의 일을 즐김
챔피언 (championing)	• 아이디어의 전파 • 혁신을 위한 자원 확보 • 아이디어 실현을 위한 헌신	• 정력적이고 위험을 감수함 • 아이디어의 응용에 관심
프로젝트 관리 (project leading)	• 리더십 발휘 • 프로젝트의 기획 및 조직 • 프로젝트의 효과적인 진행 감독	• 의사결정 능력 • 업무 수행 방법에 대한 지식
정보 수문장 (gate keeping)	• 조직외부의 정보를 내부 구성원들에게 전달 • 조직 내 정보원 기능	• 높은 수준의 기술적 역량 • 원만한 대인 관계 능력
후원 (sponsoring or coaching)	• 혁신에 대한 격려와 안내 • 불필요한 제약에서 프로젝트 보호 • 혁신에 대한 자원 획득을 지원	조직의 주요 의사결정에 대한 영향력

42 ①

1번과 4번 기계의 위치를 서로 바꾸고 2번과 3번 기계의 위치를 서로 바꾸었다. 따라서 ○, ● 또는 ●, ○ 스위치를 눌러야 한다.

43 ④

철도운영자는 단시간 조치 및 자체복구가 불가능 할 때는 지역사고수습본부를 설치하고 운영하고 초기대응팀, 사고복구반 및 복구장비를 긴급출동하도록 지시하여야 한다.

44 ③

버블 정렬은 서로 이웃한 데이터들을 비교하여 가장 큰 데이터를 가장 뒤로 보내는 정렬이다.

㉠ 1회전

9↔6	7	3	5
6	9↔7	3	5
6	7	9↔3	5
6	7	3	9↔5
6	7	3	5	9

㉡ 2회전

6	7↔3	5	9
6	3	7↔5	9
6	3	5	7	9

㉢ 3회전

6↔3	5	7	9
3	6↔5	7	9
3	5	6	7	9

45 ②

일률을 계산하는 문제이다. 2개의 생산라인을 풀가동하여 3일 간 525개의 레일을 생산하므로 하루에 2개 생산라인에서 생산되는 레일의 개수는 525÷3=175개가 된다. 이때, A라인만을 풀가동하여 생산할 수 있는 레일의 개수가 90개이므로 B라인의 하루 생산 개수는 175 − 90 = 85개가 된다.

따라서 구해진 일률을 통해 A라인 5일, B라인 2일, A + B라인 2일의 생산 결과를 계산하면, 생산한 총 레일의 개수는 $(90 \times 5) + (85 \times 2) + (175 \times 2) = 450 + 170 + 350 = 970$개가 된다.

46 ①

다음과 같은 벤다이어그램을 그려 보면 쉽게 문제를 해결할 수 있다.

국민연금만 가입한 사람은 27명, 고용보험만 가입한 사람은 20명, 두 개 모두 가입한 사람은 8명임을 확인할 수 있다.

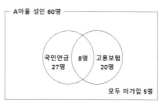

47 ④

각 인원의 총 보수액을 계산하면 다음과 같다.

갑: $850,000 + (15,000 \times 3)$
  $+ (20,000 \times 3) - (15,000 \times 3) = 910,000$원

을: $900,000 + (15,000 \times 1)$
  $+ (20,000 \times 3) - (15,000 \times 3) = 930,000$원

병: $900,000 + (15,000 \times 2)$
  $+ (20,000 \times 2) - (15,000 \times 3) = 925,000$원

정: $800,000 + (15,000 \times 5)$
  $+ (20,000 \times 1) - (15,000 \times 4) = 835,000$원

따라서 총 보수액이 가장 큰 사람은 을이 된다.

48 ④

현대사회에서는 물적자원에 대한 관리가 매우 중요한 사안이며 bar code와 QR 코드뿐 아니라 이를 지원하는 다양한 기법이나 프로그램들이 개발되고 있어 bar code와 QR 코드에 대한 이해가 필요하다.

④ bar code의 정보는 검은 막대와 하얀 막대의 서로 다른 굵기의 조합에 의해 기호화 되는 것이며, 제품군과 특성을 기준으로 물품을 대/중/소분류에 의해 관리하게 된다.

49 ④

DSUM(범위, 열번호, 조건)은 조건에 맞는 수치를 합하는 함수이며 DCOUNT(범위, 열번호, 조건)은 조건에 맞는 셀의 개수를 세는 함수이다. 따라서 DSUM이 아닌 DCOUNT 함수를 사용해야 하며, 추리영역이 있는 열은 4열이므로 '=DCOUNT(A1:D6, 4, F2:F3)'를 입력해야 한다.

50 ②

주어진 내용은 기업의 사회적 책임에 대한 것이다.

㉠ 기업이 인권을 보호하기 위해 노력한 활동으로 사회적 책임을 수행한 사례에 해당한다.

㉢ 지역 사회의 이익을 함께 추구하는 기업 활동으로 기업의 사회적 책임을 수행한 사례에 해당한다.

㉡㉣ 기업이 이윤을 확대하기 위해 취한 행동으로 기업의 사회적 책임 수행과는 거리가 멀다.

》》 기계 · 전기일반

51 ①

$\cos 90^o = 0$이므로
$A \cdot B = |A||B|\cos\theta = 0$
$A \cdot B = (ix + j2) \cdot (i3 - j3 - k) = 3x - 6 = 0$
$x = 2$

52 ④

전기력선은 정전하에서 부전하로 향하는 단일선이므로 쌍으로 존재하지 않는다.

53 ④

선전하에 의한 전계는 $E = \dfrac{\lambda}{2\pi\epsilon r}[V/m]$로서 거리 r에 반비례하지만, 전위는 무한대이다. $E = -grad\,V[V/m]$

$V = -\int_{\infty}^{r} E \cdot dr = \int_{r}^{\infty} \dfrac{\rho}{2\pi\epsilon_o r}\,dr = \dfrac{\rho}{2\pi\epsilon_o}[\ln r]_{r}^{\infty} = \infty$

54 ④

공통전위를 갖게 되므로
$$V = \frac{Q_1 + Q_2}{C_1 + C_2} = \frac{C_1 V_1 + C_2 V_2}{C_1 + C_2}$$
$$= \frac{1 \times 80 + 2 \times 50}{1 + 2} = \frac{180}{3} = 60[V]$$

55 ①

$$W = \frac{1}{2}CV^2 = \frac{1}{2} \times 10 \times 10^{-6} \times 200^2 = 0.2[J]$$

56 ③

$$W = \frac{1}{2}ED = \frac{1}{2} \times 50 \times 100 = 2,500[J/m^3]$$

57 ②

$B = \mu_0 \mu_R$

$H = 4\pi \times 10^{-7} \times 1 \times 5,000 = 0.00628 = 6.28 \times 10^{-3}$
$[Wb/m^2]$

정답 및 해설

58 ③

$$R = \frac{l}{\mu_0 \mu_R A} = \frac{2 \times 10^{-3}}{4\pi \times 10^{-7} \times 9 \times 10^{-4}}$$

$$= \frac{0.002}{0.00000000113} ≒ 1.77 \times 10^6 [\text{H/m}]$$

59 ②

1[cm]당 5회이므로 1[m]당 500회

$$H = \frac{NI}{l} = nI = 500I = 100\,[\text{AT/m}]$$

전류 $I = 0.2[\text{A}]$

60 ③

이상결합은 결합계수가 1이므로

$$M = \sqrt{L_1 L_2} = \sqrt{20 \times 80} = 40[mH]$$

61 ④

1초에 10[Wb]로 자속이 변하므로 변화율은 10[Wb/s]이다.

유도기전력 $e = N\dfrac{\Delta\Phi}{\Delta t} = 400 \times 10 = 4,000[\text{V}]$

62 ①

합성저항 $R_0 = \dfrac{1}{\dfrac{1}{4} + \dfrac{1}{2} + \dfrac{1}{4}} = 1[\Omega]$

63 ①

부하저항에 흐르는 전류

$$I = \frac{\text{기전력 } E}{\text{전지의 내부저항 } r + \text{부하저항 } R}$$

64 ④

Δ결선과 Y결선

㉠ Δ결선 : 전원과 부하를 삼각형으로 계속하는 방식이다.

㉡ Y결선 : 전원과 부하를 Y형태로 접속하는 방식이다.

㉢ 변환방식

• Y-Δ : $Z_\Delta = 3Z_Y$

• Δ-Y : $Z_Y = \dfrac{Z_\Delta}{3}$

65 ①

파고율과 파형률

㉠ 파고율 $= \dfrac{\text{최댓값}}{\text{실횻값}}$

㉡ 파형률 $= \dfrac{\text{실횻값}}{\text{평균값}}$

66 ②

$$V = \frac{1}{\sqrt{2}} \times 100 ≒ 70.7[\text{V}]$$

$\omega = 2\pi f\,[\text{rad/sec}]$에서 $f = \dfrac{\omega}{2\pi} = \dfrac{100\pi}{2\pi} = 50[\text{Hz}]$

67 ①

평균값 $I_a = \dfrac{2}{\pi}I_m\,[\text{A}]$에서 반파이므로 평균 전류는 $\dfrac{1}{\pi}I_m$
[A]이다.

68 ②

$$V = \sqrt{V_R{}^2 + (V_L - V_C)^2} = \sqrt{30^2 + (50-10)^2} = 50[\text{V}]$$

69 ①

$$I = \frac{V}{Z} = \frac{100}{4+j5} = \frac{100(4-j5)}{(4+j5)(4-j5)}$$

$$= \frac{400-j500}{16+25} = \frac{400-j500}{41} = 9.8 - j12.2$$

복소전력 $\quad P_a = VI = 100(9.8 - j12.2) = 980 + j1,220$
[VA]

실수부는 유효전력, 허수부는 무효전력을 나타낸다.

70 ②

$$I_n = I_a + I_b + I_c$$
$$= 18 + j4 + (-28) + j24 + (-8) - j22$$
$$= -18 + j6$$

71 ④

$R^2 = Z_1 \cdot \ Z_2 = \dfrac{L}{C}$ 가 되어야 하므로

$$L = CR^2 = 100 \times 10^{-6} \times 10^2 = 0.01[\text{H}]$$

72 ③

$$f = \frac{\omega}{2\pi} = \frac{3\pi}{2\pi} = 1.5$$

$$f_5 = 5 \times f = 5 \times 1.5 = 7.5$$

73 ②

$$F(s) = \mathcal{L}\left[t^2\right] = t^2 \rightarrow \frac{2 \times 1}{s^{2+1}} = \frac{2}{s^3}$$

74 ①

$$F(s) = \mathcal{L}\left[At^2\right] = A \cdot \frac{2}{s^3} = \frac{2A}{s^3}$$

75 ④

$$i = \frac{V}{R}\left(1 - \epsilon^{-\frac{R}{L} \times \frac{L}{R}}\right) = \frac{V}{R}\left(-1 - \epsilon^{-1}\right) = \frac{V}{R} \times 0.632 \, [\text{A}]$$

76 ③

기계제작과정 … 설계 → 생산계획 → 가공 → 조립 → 검사 → 도장 → 출하

77 ③

다이캐스팅

㉠ 기계가공하여 제작한 금형에 용융한 알루미늄, 아연, 주석, 마그네슘 등의 합금을 가압주입하고 금형에 충진한 뒤 고압을 가하면서 냉각하고 응고시켜 제조하는 방법으로 주물을 얻는 주조법이다.

ㄴ 융점이 낮은 금속을 대량으로 생산하는 특수주조법의 일종이다.

ㄷ 표면이 아름답고 치수도 정확하므로 후가공 작업이 줄어든다.

ㄹ 강도가 높고 치수정밀도가 높아 마무리 공정수를 줄일 수 있으며 대량생산에 주로 적용된다.

ㅁ 가압되므로 기공이 적고 치밀한 조직을 얻을 수 있으며 기포가 생길 염려가 없다.

ㅂ 쇳물은 융점이 낮은 Al, Pb, Zn, Sn합금이 적당하나 주철은 곤란하다.

ㅅ 제품의 형상에 따라 금형의 크기와 구조에 한계가 있으며 금형 제작비가 비싸다.

※ 인베스트먼트 주조

㉠ 제품과 동일한 형상의 모형을 왁스나 합성수지와 같이 용융점이 낮은 재료로 만들어 그 주위를 내화성 재료로 피복한 상태로 매몰한 다음 이를 가열하면 주형은 경화가 되고 내부의 모형은 용해된 상태로 유출이 되도록 하여 주형을 만드는 방법이다.

ㄴ 치수정밀도가 우수하여 정밀주조법으로 분류된다.

ㄷ 복잡하고 세밀한 제품을 주조할 수 있다.

ㄹ 주물의 표면이 깨끗하며 치수정밀도가 높다.

ㅁ 기계가공이 곤란한 경질합금, 밀링커터 및 가스터빈 블레이드 등을 제작할 때 사용한다.

ㅂ 모든 재질에 적용할 수 있고, 특수합금에 적합하다.

ㅅ 패턴(주형)은 파라핀, 왁스와 같이 열을 가하면 녹는 재료로 만든다.

ㅇ 패턴(주형)은 내열재로 코팅을 해야 한다.

ㅈ 사형주조법에 비해 인건비가 많이 든다.

ㅊ 생산성이 낮으며 제조원가가 다른 주조법에 비해 비싸다.

ㅋ 대형주물에서는 사용이 어렵다.

78 ①

② 단조가공 : 소재를 일정 온도 이상으로 가열하고 해머 등으로 타격하여 모양이나 크기를 만드는 가공법

③ 인발가공 : 원뿔형 다이 구멍으로 통과시킨 소재의 선단을 끌어당기는 방법으로 형상을 만드는 가공법

④ 전조가공 : 회전하는 한 쌍의 롤 사이로 소재를 통과시켜 두께와 단면적을 감소시키고 길이 방향으로 늘리는 가공법

79 ③

취성을 가진 재료는 소성가공에 적합하지 않다. 소성가공은 재료에 외력을 가하여 변형을 일으켜 형상을 만드는 방법인데 취성은 적은 변형에 파괴가 되는 특성이기 때문이다.

※ 재료의 성질

㉠ 탄성 : 외력에 의해 변형된 물체가 외력을 제거하면 다시 원래의 상태로 되돌아가려는 성질을 말한다.

정답 및 해설

ⓒ **소성** : 물체에 변형을 준 뒤 외력을 제거해도 원래
의 상태로 되돌아오지 않고 영구적으로 변형되는
성질이다.
ⓒ **전성** : 넓게 펴지는 성질로 가단성으로도 불린다.
ⓔ **연성** : 탄성한도 이상의 외력이 가해졌을 때 파괴되
지 않고 잘 늘어나는 성질을 말한다.
ⓜ **취성** : 물체가 외력에 의해 늘어나지 못하고 파괴되
는 성질로서 연성에 대비되는 개념이다.
ⓗ **인성** : 재료가 파괴되기(파괴강도) 전까지 에너지를
흡수할 수 있는 능력이다.
ⓢ **강도** : 외력에 대한 재료 단면의 저항력을 나타낸다.
ⓞ **경도** : 재료 표면의 단단한 정도를 나타낸다.

80 ①
가스 용접의 장·단점
㉠ 장점
• 전기가 필요 없다.
• 용접기의 운반이 비교적 자유롭다.
• 용접장치의 설비비가 전기 용접에 비하여 싸다.
• 불꽃을 조절하여 용접부의 가열 범위를 조정하기 쉽다.
• 박판 용접에 적당하다.
• 용접되는 금속의 응용 범위가 넓다.
• 유해 광선의 발생이 적다.
• 용접 기술이 쉬운 편이다.
㉡ 단점
• 고압가스를 사용하기 때문에 폭발, 화재의 위험이 크다.
• 열효율이 낮아서 용접 속도가 느리다.
• 금속이 탄화 및 산화될 우려가 많다.
• 열의 집중성이 나빠 효율적인 용접이 어렵다.
• 일반적으로 신뢰성이 적다.
• 용접부의 기계적 강도가 떨어진다.
• 가열 범위가 커서 용접 능력이 크고 가열 시간이 오
래 걸린다.

81 ①
초정밀가공(Ultra-Precision Machining)은 광학 부품
제작 시 단결정 다이아몬드 공구를 사용하여 주로 탄소
강의 경면을 얻는 가공법이다.

82 ③
$d = D - p$
• d : 나사기초 드릴의 지름
• D : 나사의 바깥지름
• p : 피치

83 ③
③ **슈퍼피니싱** : 입도가 작고 연한 숫돌에 적은 압력으로
가압하면서 가공물에 이송을 주고 동시에 숫돌에 진동
을 주어 표면 거칠기를 높이는 가공방법이다.
① **호닝** : 원통의 내면을 정밀다듬질 하는 것으로 보링,
리밍, 연삭가공 등을 끝낸 것을 숫돌을 공작물에 대
고 압력을 가하면서 회전운동과 왕복운동을 시켜 공
작물을 정밀다듬질 하는 것이다.
② **숏피닝** : 주철, 주강제의 작은 구상의 숏을 압축공기나
원심력을 이용하여 40 ~ 50m/sec의 고속도로 공작
물의 표면에 분사하여 표면을 매끈하게 하며 동시에
0.2mm의 경화층을 얻게 되며 숏이 해머와 같은 작
용을 하여 피로강도와 기계적 성질을 향상시킨다.
④ **와이어 브러싱** : 브러시 또는 드릴 등을 스프링와이어
끝에 장착하고 배관 내부로 집어넣어 와이어가 회전
하면서 스케일을 제거하는 공법이다.

84 ③
삼침법은 나사의 유효지름 측정에 주로 이용되며, 오버핀
법은 기어의 이두께 측정에 이용된다.
• **삼침법** : 지름이 같은 3개의 와이어를 이용하여 나사의
유효지름을 측정하는 방법이다.
• **오버핀법** : 톱니바퀴의 이 홈과 그 반대쪽 이 홈에 핀
또는 구를 넣고, 바깥 톱니바퀴에서는 핀 또는 구의 바
깥치수를, 안쪽 톱니바퀴의 경우에는 안쪽 치수를 측정
하여 이의 두께를 구하는 측정법이다.

85 ③
비파괴 시험법
㉠ **내부결함파악** : 방사선 탐상법, 초음파 탐상법
㉡ **표면결함파악** : 자분 탐상법, 침투 탐상법, 누설검사,
외관검사

86 ②
보기의 내용은 쇼어 시험(Shore test)에 관한 설명이다.

정답 및 해설

※ 제품의 시험검사 종류

ⓐ **쇼어 경도시험** : 끝에 다이아몬드가 부착된 해머를 시편의 표면에 낙하시켜 반발 높이를 측정하는 시험으로, 경도값은 해머의 낙하 높이와 반발 높이로 구해진다. (시편에는 경미한 압입자국이 생기며, 반발 높이가 높을수록 시편의 경도가 높다.)

ⓑ **샤르피 충격시험** : 재질의 인성을 측정하는 시험으로 보통 샤르피 V노치 충격 시험으로 알려져 있다. 이 시험은 높은 변형율 변화율 (high strain rate, 빠른 변형 상태)에서 파단 전에 재질이 흡수하는 에너지의 양을 측정하는 표준화된 시험이다. 이 흡수된 에너지는 재질의 노치 인성을 나타내며 온도에 따른 연성−취성 변화를 알아보는데도 사용된다. 추를 일정한 높이로 들어 올리고 시편을 하부에 고정시킨 다음에 추를 놓아 시편이 파단되면서 추는 초기 높이보다 조금 낮아진 높이로 올라간다. 이 높이를 측정해서 시편이 흡수한 에너지를 계산한다.(측정기에서 자동으로 표시해 준다.) 연성 재질은 특정한 온도에서 취성 재질로 변하게 되는데 이러한 온도를 측정하는데도 사용된다. 단순지지된 시편을 사용한다.

ⓒ **아이조드 충격시험** : 일정한 무게의 추(Pendulum)를 이용한 방법으로 시편에 추를 가격하여 회전 시 돌아가는 높이로 얻어지는 흡수에너지를 시편 노치부의 단면적으로 나누어 주어 충격강도를 얻는다. 캔틸레버 형상의 시편을 사용한다.

ⓓ **브리넬 경도시험** : 압입자인 강구를 재료에 일정한 압력으로 누르고, 이 때 생기는 우묵한 자국의 크기로 경도를 나타낸다.

ⓔ **비커스 경도시험** : 압입자로 눌러 생긴 자국의 표면적으로 경도값을 구한다. (주로 다이아몬드의 사각뿔을 눌러서 생긴 자국의 표면적으로 경도를 나타낸다.)

ⓕ **로크웰 경도시험** : 압입자인 강구에 하중을 가하여 압입자국의 깊이를 측정하여 경도를 측정한다.

87 ④

주철 용탕에 세륨 또는 마그네슘(또는 그 합금)을 주입 직전에 첨가하면 구상 조직을 가진 흑연이 정출되는데 이것이 구상 흑연 주철이며, 강에 가까운 성질을 지니고 있다.

※ **구상 흑연 주철** … 주철의 인성과 연성을 현저히 개선시킨 것으로 용융상태의 주철에 Mg, Ce, Ca 등을 첨가하여 제작하며 자동차의 크랭크 축, 캠 축 및 브레이크 드럼 등에 사용된다.

88 ③

아연은 비중이 7.14 정도이며 단단하나 부스러지기 쉬운 은빛의 금속이다.

89 ②

작동유의 역할에 해당된다.

90 ④

복합재료의 특성

ⓐ 가볍고 높은 강도를 가지고 있다.

ⓑ 이방성 재료이다.

ⓒ 단일재료로서는 얻을 수 없는 기능성을 갖추고 있다.

ⓓ 우주항공용 부품, 고급 스포츠용품 등에 주로 사용되어 왔으나, 대량생산으로 생산가격이 낮아지면서 경량화를 위한 자동차 등에도 사용된다.

91 ④

④ **스플라인(Spline)** : 축의 원주상에 여러 개의 키 홈을 파고 여기에 맞는 보스(Boss)를 끼워 회전력을 전달할 수 있도록 한 기계요소이다.

① **원뿔 키(Cone Key)** : 마찰력만으로 축과 보스를 고정하며 키를 축의 임의의 위치에 설치가 가능하다.

② **안장 키(Saddle Key)** : 축에는 가공하지 않고 축의 모양에 맞추어 키의 아랫면을 깎아서 때려 박는 키이다. 축에 기어 등을 고정시킬 때 사용되며, 큰 힘을 전달하는 곳에는 사용되지 않는다.

③ **평 키(Flat Key)** : 축은 자리만 편편하게 다듬고 보스에 홈을 판 키로서 안장 키보다 강하다.

※ 기타

ㄱ) **둥근 키(Round Key)** : 단면은 원형이고 테이퍼핀 또는 평행핀을 사용하고 핀 키(Pin Key)라고도 한다. 축이 손상되는 일이 적고 가공이 용이하나 큰 토크의 전달에는 부적합하다.

ㄴ) **미끄럼 키(Sliding Key)** : 테이퍼가 없는 키이다. 보스가 축에 고정되어 있지 않고 축 위를 미끄러질 수 있는 구조로 기울기를 내지 않는다.

ㄷ) **접선 키(Tangent Key)** : 기울기가 반대인 키를 2개 조합한 것이다. 큰 힘을 전달할 수 있다.

ㄹ) **페더 키(Feather Key)** : 벨트풀리 등을 축과 함께 회전시키면서 동시에 축방향으로도 이동할 수 있도록 한 키이다. 따라서 키에는 기울기를 만들지 않는다.

ㅁ) **반달 키(Woodruff Key)** : 반달 모양의 키. 축에 테이퍼가 있어도 사용할 수 있으므로 편리하다. 축에 홈을 깊이 파야 하므로 축이 약해지는 결점이 있다. 큰 힘이 걸리지 않는 곳에 사용된다.

ㅂ) **납작 키(Flat Key)** : 축의 윗면을 편평하게 깎고, 그 면에 때려 박는 키이다. 안장키보다 큰 힘을 전달할 수 있다.

ㅅ) **묻힘 키(Sunk Key)** : 벨트풀리 등의 보스(축에 고정시키기 위해 두껍게 된 부분)와 축에 모두 홈을 파서 때려 박는 키이다. 가장 일반적으로 사용되는 것으로, 상당히 큰 힘을 전달할 수 있다.

ㅇ) **전달력, 회전력, 토크, 동력의 크기** : 세레이션 > 스플라인 키 > 접선 키 > 성크 키 > 반달 키 > 평 키 > 안장 키 > 핀 키

92 ③

플렉시블 커플링 … 두 축의 중심선이 약간 어긋나 있을 경우 탄성체를 플랜지에 끼워 진동을 완화시키는 이음이다. 회전축이 자유롭게 이동할 수 있다.

※ 커플링

ㄱ) 운전 중에는 결합을 끊을 수 없는 영구적인 이음이다.

ㄴ) **고정 커플링** : 일직선상에 있는 두 축을 연결한 것으로서 볼트 또는 키를 사용하여 결합하고, 양축 사이에 상호이동을 하지 못하는 구조로 된 커플링으로서 원통형과 플랜지형으로 대분된다.

ㄷ) **원통형 커플링** : 가장 간단한 구조의 커플링으로서 두 축의 끝을 맞대어 일직선으로 놓고 키 또는 마찰력으로 전동하는 커플링이다. 머프 커플링, 마찰 원통 커플링, 셀러 커플링 등이 있다.

ㄹ) **머프 커플링** : 주철제의 원통 속에서 두 축을 서로 맞대고 키로 고정한 커플링이다. 축지름과 하중이 작을 경우 사용하며 인장력이 작용하는 축에는 적합하지 않다.

ㅁ) **셀러 커플링** : 머프커플링을 셀러(Seller)가 개량한 것으로 주철제의 바깥 원통은 원추형으로 이고 중앙부로 갈수록 지름이 가늘어지는 형상이다. 바깥 원통에 2개의 주철제 원추통을 양쪽에 박아 3개의 볼트로 죄어 축을 고정시킨 것이다.

ㅂ) **플랜지 커플링** : 큰 축과 고속정밀회전축에 적합하며 커플링으로서 가장 널리 사용되는 방식이다. 양 축 끝단의 플랜지를 키로 고정한 이음이다.

ㅅ) **플렉시블 커플링** : 두 축의 중심선이 약간 어긋나 있을 경우 탄성체를 플랜지에 끼워 진동을 완화시키는 이음이다. 회전축이 자유롭게 이동할 수 있다.

ㅇ) **기어 커플링** : 한 쌍의 내접기어로 이루어진 커플링으로 두 축의 중심선이 다소 어긋나도 토크를 전달할 수 있어 고속회전 축이음에 사용되는 이음

ㅈ) **유체 커플링** : 원동축에 고정된 펌프 깃의 회전력에 의해 동력을 전달하는 이음이다.

ㅊ) **올덤 커플링** : 2축이 평행하거나 약간 떨어져 있는 경우에 사용되고, 양축 끝에 끼어 있는 플랜지 사이에 90°의 키 모양의 돌출부를 양면에 가진 중간 원판이 있고, 돌출부가 플랜지 홈에 끼워 맞추어 작용하도록 3개가 하나로 구성되어 있다. 두 축의 중심이 약간 떨어져 평행할 때 동력을 전달시키는 축으로 고속회전에는 적합하지 않다.

ㅋ) **유니버설 커플링(조인트)** : 훅 조인트라고도 하며, 두 축이 같은 평면 내에 있으면서 그 중심선이 서로 30° 이내의 각도를 이루고 교차하는 경우에 사용된다. 공작 기계, 자동차의 동력전달 기구, 압연 롤러의 전동축 등에 널리 쓰인다.

정답 및 해설

93 ②

원통 마찰차는 무단 변속장치에 이용되는 마찰차가 아니다.

※ **무단 변속장치** … 정속(定速)으로 회전하는 입력축(원동축)에 대해 일정한 범위 내에서, 출력축(종속축)의 회전을 자유롭고 확실하게 조정할 수 있는 장치이다. 무단변속장치로 이용 가능한 마찰차는 원뿔마찰차, 원판마찰차, 구면마찰차가 있다.

94 ④

④ 축압 브레이크의 일종으로, 회전축 방향에 힘을 가하여 회전을 제동하는 제동 장치는 원판 브레이크이다.

① **드럼 브레이크** : 브레이크 블록이 확장되면서 원통형 회전체의 내부에 접촉하여 제동되는 브레이크이다.

③ **블록 브레이크** : 회전축에 고정시킨 브레이크 드럼에 브레이크 블록을 눌러 그 마찰력으로 제동하는 브레이크이다.

② **밴드 브레이크** : 브레이크 드럼 주위에 강철밴드를 감아 장력을 주어 밴드와 드럼의 마찰력으로 제동하는 브레이크이다.

④ **원판 브레이크** : 축과 일체로 회전하는 원판의 한 면 또는 양 면을 유압 피스톤 등에 의해 작동되는 마찰 패드로 눌러서 제동시키는 브레이크로 방열성, 제동력이 좋고, 성능도 안정적이기 때문에 항공기, 고속열차 등 고속차량에 사용되고, 일반 승용차나 오토바이 등에도 널리 사용된다. 축압 브레이크의 일종으로, 회전축 방향에 힘을 가하여 회전을 제동하는 제동 장치이다.

95 ③

관 이음

㉠ **나사식 관 이음** : 각종 배관공사에 이용되는 이음쇠로 관 끝에 관용나사를 절삭하고, 적당한 이음쇠를 사용하여 결합하는 것으로 누설을 방지하기 위하여 콤파운드나 테이플론 테이프를 감는다.

㉡ **플랜지 이음** : 관의 지름이 크거나 유체의 압력이 큰 경우에 사용되는 것으로 분해 및 조립이 편리하다.

㉢ **신축형 관 이음** : 고온에서 온도차에 의한 열팽창, 진동 등에 어느 정도 견딜 수 있는 것으로 진동원과 배관과의 완충이 필요할 때나 온도의 변화가 심한 고온인 곳에서 설치할 때 사용된다.

㉣ **소켓 이음** : 관끝의 소켓에 다른 끝을 넣어 맞추고 그 사이에 패킹을 넣은 후 다시 납이나 시멘트로 밀폐한 이음을 말한다.

96 ①

재열 사이클 … 고압 증기터빈에서 저압 증기터빈으로 유입되는 증기의 건도를 높여 상대적으로 높은 보일러 압력을 사용할 수 있게 하고, 터빈 일을 증가시키며, 터빈 출구의 건도를 높이는 사이클이다. (과열증기상태에서 터빈을 돌리면 터빈출구에서의 건도가 더 높아져 부식시키는 정도가 줄어들게 되지만 증기를 과열 시키는 데 있어서 온도와 압력을 높게 올려주므로 시스템 자체의 재료의 내구성에 문제가 따르게 된다. 따라서 과열 사이클을 보완한 것이 재열 사이클이다.)

97 ③

레이놀즈수 = 관성력/점성력

프루드 수 = 관성력/중력

오일러 수 = 압축력/관성력

압력계수 = 압력/동압

마하수 = 속도/음파속도

코시수 = 관성력/탄성력

웨버수 = 관성력/표면장력

정답 및 해설

98 ④

냉방의 정의

㉠ **냉각** : 온도를 낮추고자 하는 물체로부터 열을 흡수하여 온도를 낮추는 방법이다.

㉡ **냉동** : 물체나 기체 등에서 열을 빼앗아 주위보다 낮은 온도로 만드는 경우로, 피냉각 물체의 온도가 −15℃ 이하로 낮추어 물질을 얼리는 상태이다.

㉢ **냉장** : 동결되지 않는 범위 내에서 물체의 열을 빼앗아 주위보다 낮은 온도로 물체의 온도를 낮춘 후 유지시키는 방법이다.

㉣ **제빙** : 얼음을 생산할 목적으로 물을 얼리는 방법이다.

99 ②

크레인의 종류

㉠ **크롤러 크레인** : 하역장치를 무한궤도차에 연결·부착시킨 것이다.

㉡ **다리형 크레인** : 조선소, 항만에 설치되는 대형 크레인이다.

㉢ **트럭 크레인** : 이동식 기중기, 기중기 본체를 트럭에 탑재시킨 것이다.

㉣ **데릭 크레인** : 나무 또는 강재로 만들어진 크레인이다.

100 ①

충격식 다짐기계

㉠ **래머** : 휴대할 수 있는 다짐기로 내화재료나 주물사, 설비의 기초공사 등과 같은 좁은 지역의 다짐을 할 경우에 사용된다.

㉡ **프로그래머** : 대형화하여 일반 토공용으로 제작된 다짐기계로, 댐 공사에 주로 사용된다.

㉢ **탬퍼** : 가솔린 엔진의 회전을 크랭크에 의해 왕복운동으로 바꾸고 스프링을 거쳐 다짐판에 그 운동을 전달하여 한정된 면적을 다지는 기계이다.

>> 직업기초능력평가

1 ④

④ '후차적'은 차례에서 나중이 되는 것을 뜻하는 말로 후차적 대신 선수를 쳐서 상대편을 제압한다는 뜻의 '선제적'이 들어가는 것이 적절하다.

① 점검 : 낱낱이 검사함 또는 그런 검사
② 방지 : 어떤 일이나 현상이 일어나지 못하게 막음
③ 전망 : 앞날을 헤아려 내다봄. 또는 내다보이는 장래의 상황

2 ③

③ 포크레인 → 포클레인

3 ②

빈칸에 들어갈 단어는 '기계나 설비 또는 화학 반응 따위가 목적에 알맞은 작용을 하도록 조절함'의 뜻을 가진 제어(制御)가 가장 적절하다.

① 정도에 넘지 아니하도록 알맞게 조절하여 제한함
③ 정도나 한도를 넘어서 나아가려는 것을 억눌러 그치게 함
④ 기계나 자동차 따위의 운동을 멈추게 함
⑤ 내버려 둠

4 ②

일에 관한 내용이나 결과를 말이나 글로 알릴 때 쓰는 보고는 報告(알릴 보, 고할 고)로 쓴다.

5 ④

이 글은 공간 개념에 대해 이야기를 전개하면서 '가장 인간을 위하는 공간은 곧 가장 자연을 위하는 공간이 되어야 한다'고 언급하고 있다. 즉, 자연과 인간이 조화를 이루어야 한다는 것이다.

6 ④

육식 동물과 초식 동물의 차이점에 대해서는 위 글에 언급되어 있지 않다.

7 ④

①은 첫째, 둘째 문단에서, ②는 첫째 문단의 내용을 통해, ③은 셋째 문단에서, 그러나 ④는 어디에도 나타나 있지 않다.

8 ③

마지막 문단의 내용 중 특정 단어가 '외래어인지 외국어인지에 대한 판단은 개인의 직업 또는 관심사에 따라 달라질 수 있어 그 구분이 쉽지 않다.'고 했으므로, ④와 같이 객관적인 구분 기준은 없다고 할 수 있다. 그리고 '보스', '오너' 등의 단어는 실제로 '국어사전에 따라 표제어로 실리기도 하고 실리지 않기도 한다.'라고 했으므로 ③은 잘못된 진술이다.

9 ③

$1^2, 2^2, 3^2, 4^2, 5^2$이 더해지고 있다.
따라서 빈칸에 들어갈 수는 $56+6^2 = 92$이다.

10 ④

국화의 수를 x송이라고 하면 튤립의 수는 $(26-x)$송이이므로

$$\begin{cases} x > 26-x \\ 1,000(26-x)+1,200x \le 30,000 \end{cases}$$

$$\Rightarrow \begin{cases} 2x > 26 \\ 200x \le 4,000 \end{cases} \Rightarrow \begin{cases} x > 13 \\ x \le 20 \end{cases}$$

$\therefore 13 < x \le 20$

따라서 국화는 최대 20송이까지 살 수 있다.

11 ①

A등급 한 명에게 지급되는 금액을 $6x$, B등급 한 명에게 지급되는 금액을 $3x$, C등급 한 명에게 지급되는 금액을 $2x$라 하면,

$6x \times 5 + 3x \times 10 + 2x \times 15 = 4,500$(만 원),

$x = 50 \rightarrow 6x = 300$(만 원)

12 ④

하루에 甲이 하는 일의 양은 $\dfrac{1}{4}$, 하루에 乙이 하는 일의 양은 $\dfrac{1}{8}$

乙은 처음부터 6일 동안 계속해서 일을 하였으므로 乙이 한 일의 양은 $\dfrac{1}{8} \times 6 = \dfrac{3}{4}$

(일의 양) − (乙이 한 일의 양) = (甲이 한 일의 양)

$1 - \dfrac{3}{4} = \dfrac{1}{4}$

甲이 일을 하는 데 걸린 시간은 1일

∴ 작업기간 − 甲이 일 한 기간 = 甲이 쉬었던 날이므로
  $6 - 1 = 5$일

13 ③

$\dfrac{605}{x} \times 100 = 43.1$

$43.1x = 60,500$

$\therefore x = 1,404$(명)

14 ①

$\dfrac{x}{1,422} \times 100 = 34$

$100x = 48,348$

$\therefore x = 483$(명)

15 ①

주어진 표를 다음과 같은 완성된 표로 만들 수 있다.

구분 / 국가	특허등록 건수 (건)	영향력 지수	기술력 지수	해당국 피인용비	특허 피인용 건수
미국	500	(1.2)	600.0	12	6000
일본	269	1.0	269.0	10	2690
독일	(75)	0.6	45.0	6	450
한국	59	0.3	17.7	3	177
네덜란드	(30)	0.8	24.0	8	240
캐나다	22	(1.4)	30.8	14	308
이스라엘	(17)	0.6	10.2	6	102
태국	14	0.1	1.4	1	14
프랑스	(13)	0.3	3.9	3	39
핀란드	9	0.7	6.3	7	63

이를 근거로 〈보기〉의 내용을 살펴보면 다음과 같다.

㉠ 캐나다의 영향력지수는 미국의 영향력지수보다 크다. (○)

㉡ 프랑스와 태국의 특허피인용건수의 차이는 프랑스와 핀란드의 특허피인용건수의 차이보다 크다. (○)

㉢ 특허등록건수 상위 10개국 중 한국의 특허피인용건수는 네 번째로 많다. (×)
  → 한국의 특허피인용건수는 여섯 번째로 많다.

㉣ 네덜란드의 특허등록건수는 한국의 특허등록건수의 50% 미만이다. (×)
  → 한국의 특허등록건수의 50% 이상이다.

따라서 올바른 설명은 ㉠, ㉡이다.

16 ④

캐나다(308) − 네덜란드(240) − 한국(177) − 이스라엘(102)

17 ④

실행 및 평가 단계는 해결안 개발을 통해 만들어진 실행계획을 실제 상황에 적용하는 활동으로 당초 장애가 되는 문제의 원인들을 해결안을 사용하여 제거하는 단계이다.

정답 및 해설

18 ②

객관성은 비판적 사고 개발에 있어 중요한 요소로 감정적이고 주관적인 요소를 배제하는 것에서 시작한다.

19 ①

우리 눈앞에 발생되어 당장 걱정하고 해결하기 위해 고민하는 문제인 발생형 문제(= 보이는 문제)에 대한 설명이다.

20 ②

丙은 네 번째와 다섯 번째 조건에 의해 의사이거나 약사이다. 따라서 乙이 약사라면 丙은 의사이다.
① 다섯 번째 조건에 의해 丁은 의사와 약사일 수 없다.
③ 丙은 네 번째 조건에 의해 의사와 약사 중 하나의 직업을 갖고 있음을 알 수 있다.
④ 戊가 간호사일 때 丁이 갖을 수 있는 직업은 소방관과 경찰관 2개이므로 반드시 경찰관이라고 할 수 없다.

21 ②

㉠ : 사원 C는 네 번째로 업무를 완료했다.
㉡ : A > E
㉢ : B > A
㉣ : ㉡과, ㉢으로 인해 B > A > E임을 알 수 있으므로 사원 E는 3번째 또는 5번째로 업무를 완료하였음을 알 수 있다.
㉤ : F > B
㉥ : C > E
㉦ : B > C > D
위의 조건을 모두 종합하면 6명의 사원의 업무 완료 순위는 다음과 같다.

F	B	A	C	E	D

따라서 두 번째로 업무를 완료한 사원은 B이다.

22 ③

청년들도 기성복이 아닌 맞춤 수제정장을 찾는 경우가 있다고 제시되어 있으나 그 수요가 얼마나 될지 정확하게 알 수 없으며 디지털마케팅에 대한 역량이 부족하여 막대한 마케팅 비용이 들 것으로 예상된다고 제시되어있으므로 A모직에서 결정할 수 있는 사항으로 가장 옳지 않은 것은 ③이다.

23 ③

법 위반상태의 기간이 6개월 이상인 경우 국토교통부장관은 업무제한·정지 기간의 2분의 1만큼 그 기간을 늘릴 수 있으므로 최대 업무정지(업무제한) 30일의 처분을 받을 수 있다.

24 ④

㉠ 120일(철도사고로 인한 중상자 수 50명 이상 100명 미만일 경우) + 60일(가중 처분) = 180일
㉡ 변경신고를 하지 않고 안전관리체계를 변경한 경우(2차 위반) → 업무정지(업무제한) 10일

25 ②

SUMIF는 조건에 맞는 데이터를 더해주는 함수로서 범위는 B2:B10으로 설정해 주고 조건은 3천만 원 초과가 아니라 이상이라고 했으므로 "> =30000000"으로 설정한다.

26 ③

COUNTIFS 함수는 복수의 조건을 만족하는 셀의 개수를 구하는 함수이다. COUNTIFS(조건범위1, 조건1, 조건범위2, 조건2)로 입력한다. 따라서 설문에서는 편집팀 소속이면서 대리의 직급을 가지는 사람의 수를 구하는 것이므로 3이 답이다.

27 ③

• FREQUENCY(배열1, 배열2) : 배열2의 범위에 대한 배열1 요소들의 빈도수를 계산
• PERCENTILE(범위, 인수) : 범위에서 인수 번째 백분위수 값

- 함수 형태 = FREQUENCY(Data_array, Bins_array)
- Data_array : 빈도수를 계산하려는 값이 있는 셀 주소 또는 배열
- Bins_array : Data_array를 분류하는 데 필요한 구간 값들이 있는 셀 주소 또는 배열
- 수식 : {=FREQUENCY(B3:B9, E3:E6)}

28 ④

'지식'이란 '어떤 특정의 목적을 달성하기 위해 과학적 또는 이론적으로 추상화되거나 정립되어 있는 일반화된 '정보'를 뜻하는 것으로, 어떤 대상에 대하여 원리적·통일적으로 조직되어 객관적 타당성을 요구할 수 있는 판단의 체계를 제시한다.

④ 가치가 포함되어 있지 않은 단순한 데이터베이스라고 볼 수 있다.

29 ②

숫자는 1, 4, 7, 10, 13, 16으로 채워지고 요일은 월, 수, 금, 일, 화, 목으로 채워지고 있다. 따라서 A6값은 16이고 B6값은 목요일이다.

30 ①

정보를 분석함으로써 서로 상반되거나 큰 차이가 있는 정보의 내용을 판단하여 새로운 해석을 할 수 있다.

31 ③

정보의 활용형태

㉠ 수집한 정보를 그대로 활용한다.

㉡ 수집한 정보를 그대로 활용하되, 일정한 형태로 표현하여 활용한다.

㉢ 수집한 정보를 정리, 분석, 가공하여 활용한다.

㉣ 수집한 정보를 정리, 가공하여 활용하되 일정한 형태로 표현하여 활용한다.

㉤ 생산된 정보를 일정한 형태로 재표현하여 활용한다.

㉥ 일정한 형태로 표현한 정보, 한번 이용한 정보를 보존·정리하여 장래에 활용한다.

32 ②

주어진 자료에서 B 물품의 가격을 x라고 하면, $(39 \times 900 + 12 \times x) \times 2 = (48 \times 900 + 34 \times x)$가 성립한다. 따라서 이를 풀면, B 물품의 가격 $x = 2,700$이 된다.

33 ②

정용준(15113G0100100001)

−박근동(15123G0401800008)

34 ①

- 2022년 10월 : 1510
- 합천 1공장 : 8S
- 세면도구 비누 : 04018
- 36번째로 생산 : 00036

35 ④

물적자원의 경우 구입 과정에서 활용 및 구입의 목적을 명확하게 하는 것이 필요하다. 또한 구입한 물품을 분실 및 훼손되지 않게 관리하는 것이 중요하며, 적절한 장소에 보관하여 물품이 필요할 때 적재적소에 활용될 수 있도록 하는 것이 중요할 것이다. 추가적으로 이미 소장하고 있는 기자재와도 원활하게 호환된다면 기자재를 더욱 효율적으로 사용할 수 있을 것이다.

36 ①

전화를 통한 급박한 질문은 제3사분면에 해당한다.

구분	긴급한 일	긴급하지 않은 일
중요한 일	위기사항, 급박한 문제, 기간이 정해진 프로젝트	인간관계구축, 새로운 기회의 발굴, 중장기계획
중요하지 않은 일	잠깐의 급한 질문, 일부 보고서, 눈앞의 급박한 사항	하찮은 일, 우편물, 전화, 시간낭비거리, 즐거운 활동

37 ②

동문·서문·남문 앞에 설치하는 배너는 실외용이고 고급배너를 사용하므로 $(25,000 + 30,000) \times 3 = 165,000$원이고, 2관 내부에 설치하는 배너는 실내용이고 일반배너를 사용하므로 $(20,000 + 25,000) \times 2 = 90,000$원이므로 $165,000 + 90,000 = 255,000$(원)이다.

정답 및 해설

38 ④

② 2,000원(체감비용) + 24,000원 = 26,000원

① 1,000원(체감비용) + 27,000원 = 28,000원

③ 5,000원(체감비용) + 24,000원 = 29,000원

④ 10,000원(A4용지) + 1,000원(체감비용) + 16,000원(토너) = 27,000원

39 ③

	김 부장	최 과장	이 과장	오 과장	홍 대리
외국어 성적	25점	25점	40점	40점	50점
근무 경력	20점	20점	20점	14점	실격
근무 성적	9점	10점	10점	9점	9점
포상	10점	20점	20점	0점	20점
계	64점	75점	90점	63점	실격

40 ②

ⓒ – 특허권, ② – 실용신안권, ⊙ – 디자인권, ② – 상표권

41 ④

지속가능개발이란 환경보호와 경제적 발전이 반드시 갈등 관계에 있는 것만은 아니라는 취지아래 경제적 활력, 사회적 평등, 환경의 보존을 동시에 충족시키는 발전을 의미한다. 이를 위해서는 오염 이후에 회복하는 사후 처리 방식에서 제조 공정에서부터 미리 친환경 여부를 살피는 사전평가 방식으로 환경에 대한 고려를 한 단계 높이는 방식으로 변화해야 한다.

42 ③

〈보기〉의 명령어를 해석하면 각각의 값은 다음과 같은 의미를 가진다.

• V숫자 / H숫자 → Y축 최곳값 / X축 최곳값

• 알파벳(숫자, 숫자) → 도형의 모양(Y축값, X축값)

T 삼각형	Q 사각형	C 원	H 하트	S 별

• : 알파벳 기호 → A 작은 도형, B 중간 도형, C 큰 도형, 0 색칠 無, 0.5 절반 색칠, 1 전체 색칠

따라서 제시된 그래프에 대한 명령어는 V4/H4 S(1,1) : A0, H(4,2) : C0.5, T(2,3) : B0.5이다.

43 ④

전화응대 시 상대방의 용건이 끝났음을 확인한 후 마무리 인사를 해야 한다. 정말 부득이한 경우에는 상대방에게 양해를 구한 후 동의를 받으면 다시 연락을 드리겠다고 말한다.

44 ③

"전화 잘못 거셨습니다"라고 응대하는 것은 적절하지 않은 대응책이다. 잘못 연결된 전화일 때는 바로 끊지 않고 연결하려던 부서를 물어봐 원하는 곳으로 전화를 돌려준다.

45 ②

각 가구의 투자금을 각각 a, b, c, d라고 할 때, 위의 조건을 식으로 나타내면 다음과 같다.

⊙ $a = (c+d) \times 0.4$

ⓒ $4c = a+b+d$

ⓒ $b = c+100$

② $a+b = 2c+d$

이 식을 주의 깊게 살펴보면 다음과 같이 풀이를 이어갈 수 있다.

②을 ⓒ에 대입하면 $4c = 2c+d+d$가 되고 이것으로 c=d가 되는 것을 알 수 있다. 다시 이를 ⊙에 대입하면 $a = 2c \times 0.4$가 되어 $c = 5/4a$가 된다. 따라서 ⓒ의 식을 a에 대하여 다시 정리해 보면, $4c = a+b+d \rightarrow 4 \times 5/4a = a+(5/4a+100)+5/4a$ 가 된다. 이것을 풀면, $3/2a = 100$이므로 결국 a는 약 67만 원을 투자한 것이 된다.

46 ②

환율의 변동에 따라 달러화를 자국 통화로 환산하였을 경우 자국 통화의 가치 평가액을 묻는 문제이다. 우선 각 국의 총 채권과 총 채무 상황을 총 채권/총 채무의 순으로 정리하면 다음과 같다.

• A국 : 80 + 120 + 30 = 230만 달러 / 100 + 20 + 70 + 50 = 240만 달러 → −10만 달러

• B국 : 100 + 40 + 25 + 20 = 185만 달러 / 80 + 55

정답 및 해설

+ 60 + 25 = 220만 달러 → −35만 달러
- C국 : 20 + 55 + 65 + 90 = 230만 달러 / 120 + 40 + 40 + 50 = 250만 달러 → −20만 달러
- D국 : 70 + 60 + 40 = 170만 달러 / 25 + 65 + 60 = 150만 달러 → +20만 달러
- E국 : 50+25+50+60=185만 달러 / 30+20+90=140만 달러 → +45만 달러

달러화가 평가 절상된다는 것은 달러의 가치가 올라간다는 것이므로 달러를 많이 보유하고 있을수록 더 많은 자국 통화를 보유할 수 있게 된다. 따라서 채권, 채무 상계액이 가장 큰 E국이 가장 큰 이득을 보게 된다. 반대로 달러화가 평가 절하되면 달러화의 가치가 내려가 보다 헐값으로 바뀌게 된다는 의미이므로 채권, 채무 상계를 하여 지불해야 하는 달러화 채무액이 큰 국가일수록 자국 통화를 덜 쓰게 되어 가장 많은 이득을 얻게 된다. 따라서 평가 절상과 절하 시 가장 큰 이득을 보게 되는 나라는 각각 E국과 B국이 된다.

47 ④

2019년 대비 2020년의 물가 상승률은 소비자 물가에서 큰 폭의 상승세를 나타내고 있으나, 서비스 분야인 집세, 공공서비스, 개인서비스 등에서는 모두 전년 대비 상승세가 둔화되었음을 알 수 있다.

48 ②

직업세계에서 맞이하는 변화의 상황들에 대해 효과적으로 대처하기 위한 12가지 전략
- ㉠ 우리의 생각을 명확히 할 '5가지 행동의 선택'에 관한 질문을 활용한다.
  - 우리가 이 변화를 활용해야 하는 이유는 무엇인가?
  - 이 변화는 언제 일어날 것인가?
  - 어떻게 이 변화를 다룰 것인가?
  - 다른 사람에게 이 변화는 무엇을 의미하는가?
  - 이 변화는 어떤 사람에게 영향을 미치는가?
- ㉡ 변화에 대처하는 속도를 높인다.
- ㉢ 신속히 의사결정을 한다.
- ㉣ 업무를 혁신한다.
- ㉤ 자기 자신을 책임진다.

- ㉥ 상황을 올바르게 파악해 제어할 수 있고 타협할 수 있는 부분을 정한다.
- ㉦ 가치를 추구한다.
- ㉧ 고객 서비스 기법을 연마한다.
- ㉨ 빠른 변화 속에서 자신을 재충전할 시간과 장소를 마련한다.
- ㉩ 스트레스를 해소한다.
- ㉪ 의사소통을 통해 목표와 역할, 직원에 대한 기대를 명확히 한다.
- ㉫ 주변 환경의 변화에 주목한다.

49 ②

자신이 처한 상황에 대한 판단이 우선시 되어야 하며, 혼자서 해결하기 어려운 업무에 대해서는 상사에게 문의하여 조언을 얻거나 도움을 받을 수 있는 방법을 찾는 것이 적절하다.

50 ④

계열사 또는 협력업체와의 관계는 일방적이기보다는 상호 보완적인 형태가 바람직하다. 따라서 협력업체 현장 담당자에게 작업지침에 대한 사항을 문의하고 해결방안을 찾도록 하는 것이 적절하다.

〉〉 기계 · 전기일반

51 ②

가우스의 선속정리는 면적분을 체적적분으로 전환하는 식이다.
면에서 수직으로 발산되는 전계의 크기는 체적에서 발산되는 적분의 크기와 같다.

$$\int_s E \cdot n\, ds = \int_v div\, E\, dv$$

52 ④

$$\nabla^2 V = \frac{\partial^2 xy^2z}{\partial x^2} + \frac{\partial^2 xy^2z}{\partial y^2} \cdot \frac{\partial^2 xy^2z}{\partial z^2}$$

$$= \frac{\partial y^2z}{\partial x} + \frac{\partial 2xyz}{\partial y} + \frac{\partial xy^2}{\partial z} = 2xz = -\frac{\rho}{\epsilon_o}$$

$$\rho = -2xz\epsilon_o \, [C/m^3]$$

53 ②

전자 및 양자의 전기량의 절대값은 $1.602 \times 10^{-19}[C]$
전자는 $-$ 전하이므로 $-1.602 \times 10^{-19}[C]$

54 ①

구에서 $C = 4\pi\epsilon_o a = 1[F]$

$$C = 4\pi\epsilon_o a = \frac{1}{9 \times 10^9} a = 1[F]$$

$$a = 9 \times 10^9 [m] = 9 \times 10^6 [Km]$$

55 ②

$W = \frac{1}{2}CV^2$을 전압 구하는 식으로 정리하면

$$V = \sqrt{\frac{2W}{C}} = \sqrt{\frac{2 \times 200}{5}} = 8.9 \fallingdotseq 9[V]$$

56 ①

$$E = \frac{V}{d}, \quad C = \frac{\epsilon A}{d}$$

$$E = \frac{V \cdot C}{\epsilon_0 \epsilon_R A} =$$

$$\frac{10 \times 10 \times 10^{-6}}{8.855 \times 10^{-12} \times 10 \times 100 \times 10^{-4}} \fallingdotseq 1.13 \times 10^8 [V/m]$$

57 ③

$$F = \frac{2I_1 I_2 l}{r} \times 10^{-7}$$

$$I_1 I_2 = \frac{F \cdot r}{2 \times 10^{-7}} = \frac{18 \times 10^{-7} \times 1}{2 \times 10^{-7}} = 9$$

$$I_1 = I_2$$

$$I = \sqrt{9} = 3[A]$$

58 ②

$$R = \frac{l}{\mu_0\mu_R A} = \frac{31.4 \times 10^{-2}}{4\pi \times 10^{-7} \times 20 \times 0.5} = 2.5 \times 10^4 [AT/Wb]$$

59 ①

$W = \frac{1}{2}LI^2[J]$이므로 $2 = \frac{1}{2} \times 400 \times I^2$에서 $I = 0.1[A]$

60 ③

맴돌이 전류손은 와류손이라고도 한다.
$P_e \propto f^2 B^2 t^2$으로 주파수의 2승에 비례한다. 와류손을 감소시킬 목적으로 두께를 얇게 하는 성층권을 사용한다.

61 ②

$$V = -N\frac{d\Phi}{dt}$$

※ 유도기전력의 방향을 결정하는 것은 렌츠의 법칙이고, 유도기전력의 크기를 결정하는 것이 패러데이의 법칙이다.

62 ②

$$I = \frac{V}{R} = \frac{60}{20} = 3[A]$$

합성저항 $R_0 = \frac{V}{I} = \frac{150}{3} = 50[\Omega]$

$50 = 10 + 20 + R$

$\therefore R = 20[\Omega]$

63 ③

전류계와 전압계

㉠ **전류계** : 전류의 세기를 측정하기 위해 사용하며 회로에 직렬로 연결한다.

㉡ **전압계** : 회로에 걸리는 전압을 측정하기 위해 사용하며 회로에 병렬로 연결한다.

정답 및 해설

64 ④

병렬회로는 전압이 일정하므로

$V_1 = V_2 = V$

$V_2 = V,\ I_2 R_2 = RI = \dfrac{R_1 R_2}{R_1 + R_2} I$ 이므로

$I_2 = \dfrac{R_1}{R_1 + R_2} I\,[\mathrm{A}]$

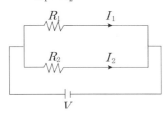

65 ④

정현파의 평균값은 $\dfrac{2I_m}{\pi}$ 인데, 반파정류이므로 평균전류

는 $\dfrac{I_m}{\pi}$ 이다.

66 ①

$i = \sqrt{2}\,I \sin 45° = \sqrt{2}\,I \times \dfrac{1}{\sqrt{2}} = I\ [\mathrm{A}]$

67 ③

$Z = \sqrt{R^2 + X_C^2} = \sqrt{8^2 + 6^2} = 10\,[\Omega]$

$V = IZ = 10 \times 10 = 100\,[\mathrm{V}]$

68 ③

역률 $\cos\theta = \dfrac{R}{\sqrt{R^2 + X^2}} = \dfrac{10}{\sqrt{10^2 + 10^2}} = 0.7$

$I = \dfrac{V}{Z} = \dfrac{V}{\sqrt{R^2 + X^2}} = \dfrac{200}{\sqrt{10^2 + 10^2}} \fallingdotseq 14\,[\mathrm{A}]$

전류의 유효분을 구하는 것이므로 역률을 이용하여 구하
면 된다.

㉠ 전압의 유효분 $V_e = V\cos\theta = 200 \times 0.7 = 140\,[\mathrm{V}]$

㉡ 전류의 유효분 $I_e = I\cos\theta = 14 \times 0.7 = 9.8\,[\mathrm{A}]$

69 ④

피상전력

$P_a = 3I^2 Z = 3\Big(\dfrac{V_p}{Z}\Big)^2 Z = 3\dfrac{V_p^2 Z}{R^2 + X^2}$

$= \dfrac{3 \times 200^2 \times \sqrt{14^2 + 48^2}}{14^2 + 48^2} = 2400\,[\mathrm{VA}]$

70 ②

$Z(s) = 1 + \dfrac{\dfrac{2(2S+1)}{S}}{(2S+1) + \dfrac{2}{S}} = 1 + \dfrac{4S+2}{2S^2 + S + 2}$

$= \dfrac{2S^2 + 5S + 4}{2S^2 + S + 2}\,[\Omega]$

71 ③

비사인파 = 직류분 + 기본파 + 고조파

72 ③

$F(s) = \mathcal{L}\,[f(t)] = \mathcal{L}\,[3u(t) + 2e^{-t}]$

$= \dfrac{3}{s} + \dfrac{2}{s+1} = \dfrac{5s+3}{s(s+1)}$

73 ②

$F(s) = \mathcal{L}\,[f(t)] = \mathcal{L}\,[1 - e^{-at}] = \dfrac{1}{s} - \dfrac{1}{s+a} = \dfrac{a}{s(s+a)}$

74 ③

시상수 $T = RC = 1 \times 10^6 \times 1 \times 10^{-6} = 1\,[\mathrm{sec}]$

75 ④

정전류원(Constant Current Source)은 내부저항이 무한
대이므로 정전류원을 개방하면 양단전압은 무한대가 된
다. 그러므로 부하의 크기에 상관없이 전류가 일정해진
다. 정전압원은 전류가 무한대이므로 전압이 일정하다.

76 ①

① 설계제도실에 대한 설명이다.

77 ②

인베스트먼트 주조법은 타 주조법에 비해서 생산비가 높은 편인지라 경제적이라고 보기에는 무리가 있다.

※ **인베스트먼트 주조** … 제품과 동일한 형상의 모형을 왁스나 합성수지와 같이 용융점이 낮은 재료로 만들어 그 주위를 내화성재료로 피복한 상태로 매몰한 다음 이를 가열하면 주형은 경화가 되고 내부의 모형은 용해된 상태로 유출이 되도록 하여 주형을 만드는 방법이다. 치수 정밀도가 우수하여 정밀주조법으로 분류된다.

- 복잡하고 세밀한 제품을 주조할 수 있다.
- 주물의 표면이 깨끗하며 치수정밀도가 높다.
- 기계가공이 곤란한 경질합금, 밀링커터 및 가스터빈 블레이드 등을 제작할 때 사용한다.
- 모든 재질에 적용할 수 있고, 특수합금에 적합하다.
- 패턴(주형)은 파라핀, 왁스와 같이 열을 가하면 녹는 재료로 만든다.
- 패턴(주형)은 내열재로 코팅을 해야 한다.
- 사형주조법에 비해 인건비가 많이 든다.
- 생산성이 낮으며 제조원가가 다른 주조법에 비해 비싸다.
- 대형주물에서는 사용이 어렵다.

78 ②

압하량 … 압연 가공에서 소재를 압축해서 두께를 얇게 할 때 압연 전과 압연 후의 두께 차 압하량이 일정할 때, 직경이 작은 작업롤러(Roller)를 사용하면 압연 하중이 감소한다.

79 ④

레이저 용접은 진공상태가 반드시 필요하지는 않으며 열원이 빛의 빔이므로 투명재료를 써서 공기, 진공, 고압액체 등 어떤 조건에서도 용접이 가능하다(진공상태가 반드시 필요하며 진공도가 높을수록 깊은 용입이 가능한 용접은 전자빔 용접의 특성이다).

※ 레이저 용접법
  - ㉠ 고에너지를 갖는 적색광선의 레이저를 렌즈로 집중시켜 빔 형태로 나가는 레이저빔의 열을 이용하여 용접을 하는 방법이다.
  - ㉡ 좁고 깊은 접합부를 용접하는 데 유리하므로 전자부품과 같은 작은 재료의 정밀용접에 주로 사용된다.
  - ㉢ 용접 열영향부가 매우 작고, 수축과 뒤틀림이 작으며 용접부의 품질이 뛰어나다.
  - ㉣ 에너지의 밀도가 매우 높으며 용융점이 높은 금속의 용접에 주로 사용된다.
  - ㉤ 공기, 진공, 고압액체 등 어떤 조건에서도 용접이 가능하다.
  - ㉥ 반사도가 높은 용접 재료의 경우, 용접효율이 감소될 수 있다.

※ 전자빔 용접법
  - ㉠ 고진공상태에서 고속의 전자선을 피용접물에 충돌시켜 그 에너지로 용접을 하는 방법
  - ㉡ 용접 폭이 좁고 용입기 깊으며 열변형이 적다.
  - ㉢ 진공상태가 필요하며 진공도가 높을수록 깊은 용입이 가능해진다.
  - ㉣ 용접 가능한 두께의 범위가 넓다.
  - ㉤ 용접부의 경화가 발생하기 쉽다.

80 ③

테르밋 용접은 특수 용접법에 속한다. 프로젝션 용접, 심 용접, 점 용접은 전기저항 용접 중 겹치기식 용접에 속한다.

※ 전기저항 용접의 종류
  - ㉠ **맞대기 저항 용접** : 플래시 용접, 충격 용접, 업셋 용접
  - ㉡ **겹치기 저항 용접** : 점 용접, 심 용접, 프로젝션 용접
  - ㉢ **점 용접(Spot Welding)** : 환봉 모양의 구리합금 전극 사이에 모재를 겹쳐 놓고 전극으로 가압하면서 전류를 통할 때 발생하는 저항열로 접촉부위를 국부적으로 가압하여 접합하는 방법으로 자동차, 가전제품 등 얇은 판의 접합에 사용되는 용접법
  - ㉣ **심 용접(Seam Welding)** : 전극 롤러 사이에 모재를 넣고 전류를 통하게 하여 연속적으로 가열, 가압하여 접합하는 방법이다.
  - ㉤ **프로젝션 용접(Projection Welding)** : 모재의 한쪽에 돌기를 만들고, 여기에 평평한 모재를 겹쳐 놓은 후 전류를 통하게 하여 용융상태에 이르면 압력을 가해 접합하는 방법

81 ③

공구의 여유면과 절삭면과의 마찰로 발생하는 것은 플랭크(여유면) 마모이다.

※ **크레이터 마모** … 바이트날의 경사면 마모로서 공구의 여유면과 절삭면과의 마찰로 발생한다.

82 ①

정 작업 시 공작물을 자르기 시작할 때와 끝날 때는 약하게 타격한다.

83 ②

연삭가공은 높은 가공정밀도를 가지고 있으며 치수정확도가 높다.

※ **연삭가공**
　㉠ 공구 대신에 경도가 매우 높은 연삭입자를 사용하여 연삭숫돌바퀴를 만든 후 이를 고속으로 회전하여 가공면을 미세하게 가공하는 방법이다. 연삭입자의 모서리각이 예리한 절삭날을 형성하고 이것으로 공작물의 표면을 소량씩 깎아내는 정밀가공법이다. 연삭입자는 경도가 매우 크므로 일반 공작기계에서 가공이 어려운 경질의 소재를 가공할 수 있으며 정밀도가 높은 표면의 가공이 가능하다.
　㉡ 연삭입자는 기하학적으로 일정한 형상을 갖고 있지 않으며 숫돌의 원주방향으로 임의로 배열되어 있다.
　㉢ 연삭입자의 날 끝은 일정한 각도를 갖지 않으며 평균적으로 음의 경사각을 갖으며 전단각이 작다.
　㉣ 절삭속도가 매우 빠르며 매우 단단한 재료의 가공이 가능하며 높은 연삭열의 발생으로 연삭점의 온도가 대단히 높다.
　㉤ 연삭숫돌의 표면에는 수많은 절인이 존재하며 한 개의 절인이 가공하는 깊이가 작으므로 제거되는 칩은 극히 적어 가공 정밀도가 매우 높다.

※ **연삿숫돌의 3요소**
　㉠ **입자** : 숫돌의 재질을 말하며 공작물을 절삭하는 날의 역할을 한다.
　㉡ **기공** : 숫돌과 숫돌 사이의 구멍으로서 칩을 피하는 장소이다.
　㉢ **합제** : 숫돌의 입자를 결합시키는 접착제이다.

84 ①

블록 게이지의 사용 시 주의사항
　㉠ 블록 게이지의 측면의 제품 측정 시 중요한 역할을 하므로 흠집이 가지 않도록 주의한다.
　㉡ 먼지가 적고 건조한 실내에 보관한다.
　㉢ 블록 게이지를 조합하여 사용할 때는 되도록 블록의 개수가 적도록 조합한다.
　㉣ 블록 게이지를 이용한 측정시 온도는 제품과 같은 온도로 한다.

85 ④

플라스틱 재료는 금속에 비하여 일반적으로 강도가 작고 낮은 마찰계수를 갖는다(그러나 특수 플라스틱의 경우 금속보다 강도가 높은 경우도 있다).

86 ①

탄소가 많이 함유될수록 비중은 작아진다.

87 ④

청동은 구리와 주석의 합금이다. 구리와 아연의 합금은 황동이다.

88 ④

서멧의 특징
　㉠ 고온에서 안정하다.
　㉡ 높은 열충격에 강하다.
　㉢ 강도가 높다.
　㉣ 제트기, 가스터빈 날개 등에 사용된다.

89 ④

파인 세라믹의 특징
　㉠ 내마멸성이 크다.
　㉡ 충격, 저항성 등이 약하다.
　㉢ 내열, 내식성이 우수하다.
　㉣ 특수 타일, 인공뼈, 자동차 엔진 등에 사용된다.

90 ③

백래시(Backlash)가 적어 정밀 이송장치에 많이 쓰이는 운동용 나사는 볼 나사이다.

※ **나사의 종류**

  ㉠ **삼각 나사** : 체결용 나사로 많이 사용하며 미터 나사와 유니파이 나사(미국, 영국, 캐나다의 협정에 의해 만든 것으로 ABC 나사라고도 한다.)가 있다. 미터 나사의 단위는 mm이며 유니파이 나사의 단위는 inch이며 나사산의 각도는 모두 $60°$이다.

  ㉡ **사각 나사** : 나사산의 모양이 사각인 나사로서 삼각 나사에 비하여 풀어지기 쉬우나 저항이 적은 이적으로 동력전달용 잭, 나사 프레스, 선반의 피드에 사용한다.

  ㉢ **사다리꼴 나사** : 애크미 나사 또는 재형 나사라고도 함. 사각 나사보다 강력한 동력 전달용에 사용한다. (산의 각도 미터계열 : $30°$, 휘트워스 계열 : $29°$)

  ㉣ **톱니 나사** : 축선의 한쪽에만 힘을 받는 곳에 사용한다. 힘을 받는 면은 축에 직각이고, 받지 않는 면은 $30°$로 경사를 준다. 큰 하중이 한쪽 방향으로만 작용되는 경우에 적합하다.

  ㉤ **둥근 나사** : 너클 나사, 나사산과 골이 둥글기 때문에 먼지, 모래가 끼기 쉬운 전구, 호스연결부에 사용한다.

  ㉥ **볼 나사** : 수나사와 암나사의 홈에 강구가 들어 있어 마찰계수가 적고 운동전달이 가볍기 때문에 NC공작기계나 자동차용 스티어링 장치에 사용한다. 볼의 구름 접촉을 통해 나사 운동을 시키는 나사이다. 백래시가 적으므로 정밀 이송장치에 사용된다.

  ㉦ **셀러 나사** : 아메리카 나사 또는 US표준 나사라고 한다. 나사산의 각도는 $60°$, 피치는 1인치에 대한 나사산의 수로 표시한다.

  ㉧ **기계조립(체결용) 나사** : 미터 나사, 유니파이 나사, 관용 나사

  ㉨ **동력전달용(운동용) 나사** : 사각 나사, 사다리꼴 나사, 톱니 나사, 둥근 나사, 볼 나사

91 ①

올덤 커플링(Oldham Coupling) ⋯ 두 축이 평행하거나 약간 떨어져 있는 경우에 사용되고, 양축 끝에 끼어 있는 플랜지 사이에 $90°$의 키 모양의 돌출부를 양면에 가진 중간 원판이 있고, 돌출부가 플랜지 홈에 끼워 맞추어 작용하도록 3개가 하나로 구성되어 있다.

92 ③

체인(Chain)은 치형이 있으면 초기 장력을 줄 필요가 없으며 정지 시에 장력이 작용하지 않는다.

※ **체인전동장치의 특징**

  ㉠ 미끄럼이 없는 일정한 속도비를 얻을 수 있다.

  ㉡ 초기장력이 필요 없으므로 베어링의 마찰손실이 적다.

  ㉢ 내열, 내유, 내수성이 크며 유지 및 수리가 쉽다.

  ㉣ 전동효율이 높고 로프보다 큰 동력을 전달시킬 수 있다.

  ㉤ 체인의 탄성으로 어느 정도 충격하중을 흡수한다.

  ㉥ 진동과 소음이 크다.

  ㉦ 속도비가 정확하나 고속회전에 적합하지 않다.

  ㉧ 여러 개의 측을 동시에 구동할 수 있다.

  ㉨ 체인 속도의 변동이 발생할 수 있다.

93 ④

  ① **드럼 브레이크** : 브레이크 블록이 확장되면서 원통형 회전체의 내부에 접촉하여 제동되는 브레이크이다.

  ③ **블록 브레이크** : 회전축에 고정시킨 브레이크 드럼에 브레이크 블록을 눌러 그 마찰력으로 제동하는 브레이크이다.

  ② **밴드 브레이크** : 브레이크 드럼 주위에 강철밴드를 감아 장력을 주어 밴드와 드럼의 마찰력으로 제동하는 브레이크이다.

  ④ **원판 브레이크** : 축과 일체로 회전하는 원판의 한 면 또는 양 면을 유압 피스톤 등에 의해 작동되는 마찰 패드로 눌러서 제동시키는 브레이크로 방열성, 제동력이 좋고, 성능도 안정적이기 때문에 항공기, 고속열차 등 고속차량에 사용되고, 일반 승용차나 오토바이 등에도 널리 사용된다. 축압 브레이크의 일종으로, 회전축 방향에 힘을 가하여 회전을 제동하는 제동 장치이다.

94 ①

※ **밸브의 종류**

㉠ **릴리프 밸브** : 회로 내의 압력을 설정치로 유지하는 밸브이다. (안전 밸브라고도 한다.)

㉡ **시퀀스 밸브** : 둘 이상의 분기회로가 있는 회로 내에서 그 작동 시퀀스 밸브순서를 회로의 압력 등에 의해 제어하는 밸브

㉢ **무부하 밸브** : 회로의 압력이 설정치에 달하면 펌프를 무부하로 하는 밸브

㉣ **카운터 밸런스 밸브** : 부하의 낙하를 방지하기 위하여 배압을 부여하는 밸브

㉤ **감압 밸브** : 출구측 압력을 입구측 압력보다 낮은 설정 압력으로 조정하는 밸브

95 ②

노크를 방지하기 위해서는 착화지연을 작게 해주어야 한다.

	가솔린 기관	디젤 기관
점화방식	전기불꽃점화	압축착화
연료공급 방식	공기와 연료의 혼합기형태로 공급	실린더 내로 압송하여 분사
연료공급 장치	인젝터, 기화기	연료분사펌프연료분사노즐
압축비	7 ~ 10	15 ~ 22
압축압력	$8 \sim 11kg/cm^2$	$30 \sim 49kg/cm^2$
압축온도	120 ~ 140℃	500 ~ 550℃
압축의 목적	연료의 기화 도모 공기와 연료의 혼합도모 폭발력 증가	착화성 개선
열효율(%)	23 ~ 28	30 ~ 34
진동소음	작다	크다
연소실	구성이 간단하다	구성이 복잡하다
토크특성	회전속도에 따라 변화	회전속도에 따라 일정
배기가스	CO, 탄화수소, 질소, 산화물	스모그, 입자성물질, 이산화황
기관의 중량	가볍다	무겁다
제작비	싸다	비싸다

96 ②

파스칼의 원리 … 밀폐용기 안에 정지하고 있는 유체에 가해진 압력의 세기는 용기 안의 모든 유체에 똑같이 전달되며 벽면에 수직으로 작용한다.

97 ④

중앙집중식 공기조화

㉠ **단일 덕트 방식** : 가장 기본적인 방식이다.

㉡ **2중 덕트 방식** : 온풍과 냉풍을 별도의 덕트에 송입받아 적당히 혼합하여 송출하는 방식이다.

㉢ **유인 유닛 방식** : 완성된 유닛을 사용하는 방식으로 공기가 단축되고 공사비가 적게 든다.

㉣ **복사 냉 · 난방 방식** : 건물의 바닥 또는 벽이나 천장 등에 파이프를 설치하고 이 파이프를 통해서 냉 · 온수를 흘려보내 이 열로 냉 · 난방을 하는 방식이다.

98 ③

① 앞부분에 5 ~ 12°정도 전후를 경사시킬 수 있는 마스터와 위 · 아래로 올리고 내릴 수 있는 L자형 포크로 되어 있는 화물 운반장비를 말한다.

② 도르래를 이용하여 인력으로 화물을 올리고 내릴 수 있도록 만들어진 장비로, 값이 싸고 가벼우며 취급도 용이하여 기계나 구조물의 조립 및 분해, 무거운 물체의 이동에 많이 사용된다.

④ 무거운 물체를 상하좌우로 운반하는 하역기계이다. 호이스트나 체인 블록에 비하여 훨씬 무거운 물건을 운반하는 데 사용된다.

※ **윈치** … 무거운 물체를 잡아당기거나 높은 곳까지 올리는 기계로 광산 · 철도 · 선박 · 제조업 등에 사용한다.

99 ③

불도저

㉠ 트랙터의 앞면에 배토판인 블레이드를 설치한 것으로, 단거리에서의 땅깎기 · 운반 · 흙쌓기 등에 사용된다.

　　ⓒ 주행장치에 따른 분류

　　　　• 무한궤도식 : 접지 면적이 넓어서 연약한 지반이나 고르지 못한 지반에서의 작업에 적합하다.

　　　　• 타이어식 : 습지나 모래땅에서의 작업은 불가능하나 기동성과 이동성이 양호하여 평탄한 지반이나 포장된 도로에서 작업하기에 적합하다.

100 ④

수차의 종류

　　ⓐ 펠턴 수차 : 중고 낙차용으로, 고속으로 분출되는 분류의 충격력으로 날개차를 회전시킨다.

　　ⓑ 프랜시스 수차 : 반동 수차의 대표적인 수차로, 중낙차용에서 고낙차까지 광범위하게 사용된다.

　　ⓒ 프로펠러 수차 : 저낙차용으로, 비교적 유량이 많은 곳에 사용된다.

　　ⓓ 사류 수차 : 중낙차용으로, 넓은 부하 범위에서 높은 효율을 얻는다.

>> 직업기초능력평가

1 ③

'의견'은 '어떤 대상에 대하여 가지는 생각'으로, '~을 하고자 하는' 방향성에 대한 의미는 내포하고 있지 않다. 제시문의 문장의 의도에 맞게 '마음이 향하는 바. 또는 무엇을하려는 생각'을 뜻하는 어휘 '의향'이 적절하다.

2 ④

레포트 → 리포트

3 ④

㉠의 '놓다'는 '논의의 대상으로 삼다'의 의미로 쓰였다. 따라서 유사한 의미로 사용된 것은 ④가 된다.
① 걱정이나 근심, 긴장 따위를 잊거나 풀어 없애다.
② 노름이나 내기에서 돈을 걸다.
③ 손으로 무엇을 쥐거나 잡거나 누르고 있는 상태에서 손을 펴거나 힘을 빼서 잡고 있던 물건이 손 밖으로 빠져나가게 하다.

4 ④

④ 伐(칠 벌)은 '치다, 정복하다, 베다'의 뜻을 가진 한자이다. '어떤 대상의 자리나 구실을 바꾸어서 새로 맡다'는 뜻의 '대신'에는 代身(대신할 대, 몸 신)과 같이 쓴다.
① 向後(모 방, 향할 향)
② 革命(가죽·고칠 혁, 목숨 명)
③ 論議(논할 논, 의논할 의)

5 ③

빈칸에는 '단체나 기관에 어떠한 일이나 물건을 알려 청구함'의 뜻을 가진 '신청'이 가장 적절하다. 참석(모임이나 회의 따위의 자리에 참여함), 참가(모임이나 단체 또는 일에 관계하여 들어감) 등의 단어는 위 공고문의 '개최일시'와 '(   )기간'이 일치하지 않는 점에 비추어 적절하지 않다.

6 ④

제시된 담화는 소비자센터의 상담원과 반품문의를 물어보는 고객과의 일대일 면담으로 정보전달적 공식적 의사소통이다.

7 ②

② 글의 첫 문장에서 4차 산업혁명이 문화예술에 미치는 영향은 어떤 것들이 있는지를 소개하였으며, 이어지는 내용은 모두 그러한 영향들에 대한 부연설명이라고 볼 수 있다. 후반부에서 언급된 문화여가와 디지털기기의 일상화 등에 대한 내용 역시 4차 산업혁명이 사회에 깊숙이 관여해 있는 모습을 보여준다는 점에서 문화예술에 미치는 4차 산업혁명의 영향을 뒷받침하는 것이라고 볼 수 있다.
① 노인들의 삶에 변화가 있을 것이라는 언급을 하고 있으나, 이는 글의 일부분에 해당하는 내용이므로 제목으로 선정할 수는 없다.
③ 4차 산업혁명에 의해 나타나는 사회적 부작용에 대하여 언급하지는 않았다.
④ 역시 글 전체를 포괄하는 제목으로는 부족한 내용을 언급하고 있다.

8 ③

③ 지식과 경험을 획득하고 삶의 의미를 찾고 성취감을 느끼고 싶어 하는 진지한 여가에 대한 열망도도 점차 높아질 것으로 관측된다는 설명을 통해 내적이고 진지한 여가 시간에 대한 욕구가 줄어들 것이라는 것은 필자의 의견과 다른 것임을 알 수 있다.

① 필자는 4차 산업혁명의 영향으로 문화예술 활동을 다양하게 즐기는 사람들이 많아지고 있다는 언급을 하고 있다.

② 순수문화예술 부분에서는 스마트폰 등 디지털기기가 아직 홍보 수단 정도의 기능에 머물러 있다고 설명하였다.

④ 문화는 국민 모두가 향유해야 할 보편적 가치로 자리 잡아가고 있다는 설명을 통해 알 수 있다.

9 ④

+9, ?, ?, +6, +5, +4의 규칙으로 볼 때 ?에는 +8, +7이 들어가리라고 유추할 수 있다. 따라서 29 + 8 = 37이다.

10 ④

A공사의 작년 남자 직원 수를 x, 여자 직원 수를 y라고 하면 다음과 같은 식이 성립한다.

- $x + y = 1200$
- $0.96x + 1.12y = 1240$

연립하여 풀면, $x = 650$, $y = 550$ 따라서 작년 남자 직원 수는 650명이다.

11 ③

물통의 용량을 1이라고 하면, A호스는 시간당 $\frac{1}{5}$, B호스는 시간당 $\frac{1}{7}$만큼 물이 채워진다. A, B 모두 사용한 시간을 t라고 하면, $(\frac{1}{5} \times 2) + (\frac{1}{5} + \frac{1}{7})t = 1$이므로 $t = \frac{7}{4}(=1$시간 45분$)$이다. 따라서 총 걸린 시간은 3시간 45분이다.

12 ①

전체 경우의 수에서 1) 5명 모두 기획팀으로만 구성된 경우 2) 5명 모두 홍보팀으로만 구성된 경우를 제외하면 된다.

$$_{11}C_4 - (_6C_4 + _5C_4)$$
$$= \frac{11 \times 10 \times 9 \times 8}{4 \times 3 \times 2 \times 1} - (\frac{6 \times 5 \times 4 \times 3}{4 \times 3 \times 2 \times 1} + 5) = 310$$

13 ③

㉠ [○]

구분	중앙역	부산역	초량역	범일역
7~8월 평균 보통승차권 이용률(%)	5.6	7.8	4.8	8.35
이용률 증감폭(%p)	−0.6	−1.3	−0.8	−2.85

부호는 증가/감소를 나타내며, 절댓값이 가장 큰 범일역이 가장 큰 폭으로 보통승차권 이용률이 감소했음을 알 수 있다.

㉡ [×] 중앙역과 초량역의 월별 변화율을 나타내면 다음과 같다.

구분	7월 대비 8월	8월 대비 9월
중앙역	$\frac{30-32}{32} \times 100$ $=-6.25\%$	$\frac{28-30}{30} \times 100$ $≒ -6.67\%$
초량역	$\frac{19-20}{20} \times 100$ $=-5\%$	$\frac{18-19}{19} \times 100$ $≒ -5.26\%$

분모 값이 달라지므로 동일한 폭으로 감소한다고 해서 변화율이 같다고 할 수 없다.

㉢ [○] 표에서 7월에 승차인원 수가 가장 적은 역, 그래프에서도 보통승차권 이용률이 가장 낮게 나타나는 역 모두 초량역이다.

㉣ [×] 중앙역, 초량역, 범일역에서는 계속해서 감소하는 추세지만, 부산역에서는 증가(8월)했다가 감소(9월)한다.

14 ④

기타소득세 20%와 지방소득세 2% 납부해야 하므로 세금은 154만 원, 이를 제외한 당첨금은 546만 원이 된다.

정답 및 해설

15 ②

2021년 사용자별로 지출액 전년대비 증가율을 구해보면 다음과 같다.

- 공공사업자: $\dfrac{783-736}{736} \times 100 ≒ 6.4\%$

- 민간사업자: $\dfrac{567-372}{372} \times 100 ≒ 52.4\%$

- 개인: $\dfrac{1,294-985}{985} \times 100 ≒ 31.4\%$

따라서 민간사업자가 가장 높은 전년대비 지출액 증가율을 보인다.

16 ③

기업이 사물인터넷에 지출한 금액은 총 '783억 원＋567억 원＝1,350억 원'이다. 개발 및 활용 비율이 '사물인터넷 : 3D 프린팅＝14.6 : 6.0'이므로, 3D프린팅에 지출한 총 금액은 약 560억 원이 된다.

① 5G 모바일, 빅데이터, 클라우드이다.

② $\dfrac{288}{1,014} \times 100 ≒ 28.4\%$의 기업에 해당하는 내용이다.

④ 1,014개로 제시되어 있으며, 1,993개와의 차이는 복수응답에 의한 차이이다.

17 ②

분석적 문제에 대한 설명이다.

※ 문제의 분류

구분	창의적 문제	분석적 문제
문제 제시 방법	현재 문제가 없더라도 보다 나은 방법을 찾기 위한 문제 탐구로 문제 자체가 명확하지 않음	현재의 문제점이나 미래의 문제로 예견될 것에 대한 문제 탐구로, 문제 자체가 명확함
해결 방법	창의력에 의한 많은 아이디어의 작성을 통해 해결	분석, 논리, 귀납과 같은 논리적 방법을 통해 해결
해답 수	해답의 수가 많으며, 많은 답 가운데 보다 나은 것을 선택	답의 수가 적으며, 한정되어 있음
주요 특징	주관적, 직관적, 감각적, 정성적, 개별적, 특수성	객관적, 논리적, 정량적, 이성적, 일반적, 공통성

18 ①

문제의 유형

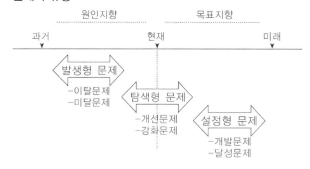

19 ②

발상을 전환함으로써 문제에 대한 새로운 해결책을 발견할 수 있다.

20 ②

주어진 다섯 개의 명제들 중 첫 번째, 두 번째, 세 번째 명제는 단순 삼단논법으로 연결되어 1호선 → 2호선 → 5호선 → ~3호선의 관계가 성립됨을 쉽게 알 수 있다.

따라서 이것의 대우 명제인 3호선 → ~1호선(3호선을 타 본 사람은 1호선을 타 보지 않았다)도 옳은 명제가 된다.

21 ④

하나도 못 맞춘 사람에 따라 나머지 사람이 맞춘 항목 수를 알아보면 다음과 같다.

• 가훈이 하나도 못 맞춘 사람일 경우

- 6월 10일 화요일 : 나훈 2개(일, 요일), 다훈 1개(월)

- 6월 10일 금요일 : 나훈 1개(일), 다훈 2개(월, 요일)

• 나훈이 하나도 못 맞춘 사람일 경우

- 6월 8일 목요일 : 가훈 2개(일, 요일), 다훈 2개(월, 일)

- 6월 8일 금요일 : 가훈 1개(일), 다훈 3개(월, 일, 요일)

• 다훈이 하나도 못 맞춘 사람일 경우

- 5월 10일 화요일 : 가훈 1개(월), 나훈 3개(월, 일, 요일)

- 5월 10일 목요일 : 가훈 2개(월, 요일), 나훈 2개(월, 일)

따라서 제시된 조건 중 마지막 조건에 의해 하나도 못 맞춘 사람은 '가훈'이다.

정답 및 해설

22 ②

SWOT 분석은 기업의 내부환경과 외부환경을 분석하여 강점, 약점, 기회, 위협 요인을 규정하고 하여 이를 토대로 경영전략을 수립하기 위한 것이다.

② '가속화되는 인구 고령화'는 외부환경인 거시적이고 사회적인 문제로 위협(T)에 포함되어야 한다. 약점(W)에는 자사의 경영자원 등 내부적인 요인을 포함시킬 수 있다.

23 ③

새로운 정책에 대하여 시민의 의견을 알아보고자 하는 것은 정책 시행 전 관련된 정보를 수집하는 단계로, 설문조사의 결과에 따라 다른 정보의 분석 내용과 함께 원하는 결론을 얻을 수 있다.

24 ③

조직이해영역이 나머지 하나의 영역일 경우, 자원관리영역은 3 + 1 + 3 = 7점, 조직이해영역은 1 + 4 + 2 = 7점이 되어 재투표를 실시하게 된다.

25 ②

a, S의 값의 변화과정을 표로 나타내면

a	S
2012	0
2012	$0 + 2012$
201	$0 + 2012 + 201$
20	$0 + 2012 + 201 + 20$
2	$0 + 2012 + 201 + 20 + 2$
0	$0 + 2012 + 201 + 20 + 2 + 0$

따라서 인쇄되는 S의 값은
$0 + 2012 + 201 + 20 + 2 + 0 = 2235$이다.

26 ②

경영의 과정

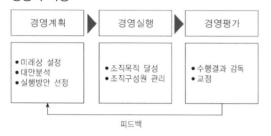

27 ③

조직의 환경을 분석하는 데 이용되는 SWOT 분석은 조직 내부 환경으로는 조직이 우위를 점할 수 있는 강점(Strength), 조직의 효과적인 성과를 방해하는 자원, 기술, 능력 면에서의 약점(Weakness), 조직의 외부 환경으로 조직 활동에 이점을 주는 기회요인(Opportunity), 조직 활동에 불이익을 미치는 위협요인(Threat)으로 구분된다.

28 ②

'노사협력실'은 '안전혁신본부'에 속해 있다.

29 ①

DMAX는 데이터 최댓값을 구할 때 사용되는 함수이고, 주어진 조건에 해당하는 값을 선택하여 평균을 구할 때는 DAVERAGE가 사용된다. 따라서 DAVERAGE(범위,열번호,조건)을 입력해야 하는데 범위는 [A1]부터 [C9]까지이고 점수를 평균내야 하기 때문에 열 번호는 3이다. 조건은 2학년이기 때문에 'E4:E5'로 설정한다.

30 ②

RANK(number,ref,[order])number는 순위를 지정하는 수이므로 B2, ref는 범위를 지정하는 것이므로 $B$2:$B$8이다. oder는 0이나 생략하면 내림차순으로 순위가 매겨지고 0이 아닌 값을 지정하면 오름차순으로 순위가 매겨진다.

정답 및 해설

31 ④

네트워크 혁명의 역기능으로 정보기술을 이용한 감시, 인터넷 게임과 채팅 중독, 디지털 격차, 정보화에 따른 실업의 증가, 범죄 및 반사회적인 사이트의 활성화 등을 들 수 있다.

32 ①

1일 동안 울리는 알람소리를 모두 더해 보면 다음과 같다.
$(1+2+3+ \cdots +11+12) \times 2 = 156$번

따라서 오후 5시 30분부터 시작해서 다음날 오후 5시 30분까지 알람소리는 모두 156번 울리게 된다. 그러므로 다음 날 오후 6시 30분까지는 $156+6=162$번 울리고 다시 그 날 오후 7시 30분까지는 $162+7=169$번 울리게 된다. 따라서 정확히 170번째의 벨소리가 울리는 것은 그 날 오후 8시 정각이 된다.

33 ②

우선 시간 준수 여부(T)와 열차 호선(3)으로 보면 ②와 ③이 될 수 있다. 출발지역이 동래 역2(a2)라고 했으므로 ②가 답이 된다.

34 ③

보기에서 시간 준수여부는 모두 X로 되어 있으므로, 도착시간(P03xx)과 도착지역(f1, f2, f3)을 확인한다. ③은 수영 지역에 도착한 열차이므로 참고해야 할 열차가 아니다.

35 ④

기업은 목적을 달성하기 위하여 필요한 인적자원을 조달, 확보, 유지, 개발하여 경영조직 내에서 구성원들이 능력을 최고로 발휘하게 해야 한다. 또한 근로자 스스로가 자기만족을 얻게 하는 동시에 경영 목적을 효율적으로 달성하게 하는 등 사용자와 근로자 간의 협력 체계가 이루어지도록 관리해야 한다. 이러한 관리 활동을 인적자원관리라고 한다.

36 ④

긴급 상황이나 재난 상황에서 물적 자원의 관리 소홀이나 부족 등은 더욱 큰 손실을 야기할 수 있으며, 꼭 필요한 상황에서 확보를 위한 많은 시간을 낭비하여 필요한 활동을 하지 못하는 상황이 벌어질 수 있다. 따라서 개인 및 조직에 필요한 물적 자원을 확보하고 적절히 관리하는 것은 매우 중요하다고 할 수 있다. 물적 자원의 희소가치를 높이는 것은 효율적인 사용을 위한 관리 차원에서의 바람직한 설명과는 거리가 멀다.

37 ①

A본부에서 사이즈 조사 못한 2명은 L사이즈에, B본부의 1명은 XXL사이즈에, C본부의 3명은 S 혹은 L사이즈로 주문하게 된다. 할인 전 A부서 티셔츠 총 구매금액은 168,500원(= 6,000원 × 27개 + 6,500원), B부서의 할인 전 총 구매금액은 로고인쇄를 한다고 했으므로 500원씩 추가하여 (6,500원 × 9개) + (7,000 × 7개) = 107,500원이다. 또, C부서는 130,000원(=6,500원 × 20개)이다. 세 본부 모두 색상을 통일했으므로 동일 색상으로 총 64벌이 되어 10%의 할인을 받을 수 있다. 따라서 H회사에서 지원해야 하는 금액은 365,400원이다.

38 ②

시설물 설치와 관련한 주의사항에는 '대관일 하루 전날 사전 점검 및 시설물 설치 가능, 행사 종료 즉시 시설물 철거 요망'이라고 명시되어 있다.
① 실외 흡연 부스가 마련되어 있으므로 담배를 피울 수 있다.
③ 1시간에 3,000원이며 이후 30분당 1,000원씩 추가되므로 3시간엔 7,000원이 된다.
④ 취소 자체는 가능하며, 향후 대관이 불가하게 된다.

39 ④

다이나믹 일반 마이크 32개 중 7개는 무료이므로 25 × 4,500 = 112,500원 ⋯ ㉠
고급 마이크 12 × 25,000 = 300,000원 ⋯ ㉡
서라운드 스피커 1 × 25,000 = 25,000원 ⋯ ㉢
USB 영상 녹화 3 × 25,000 = 75,000원 ⋯ ㉣
solo 라이트 6,000원 ⋯ ㉤
rail 라이트 4대 중 2대는 무료이므로
rail 라이트 2 × 55,000 = 110,000원 ⋯ ㉥
따라서, 628,500원이다.

40 ②

주어진 보기는 모두 기술경영자에게 필요한 능력이지만 자료는 A기업 기술최고책임자(CTO) T가 기존의 기술이 갖고 있던 단점을 보완하여 새로운 기술을 개발해 낸 사례이다.

※ **기술경영자에게 필요한 능력**

　　㉠ 기술을 기업의 전반적인 전략 목표에 통합시키는 능력

　　㉡ 빠르고 효과적으로 새로운 기술을 습득하고 기존의 기술에서 탈피하는 능력

　　㉢ 기술을 효과적으로 평가할 수 있는 능력

　　㉣ 기술 이전을 효과적으로 할 수 있는 능력

　　㉤ 새로운 제품개발 시간을 단축할 수 있는 능력

　　㉥ 크고 복잡하고 서로 다른 분야에 걸쳐 있는 프로젝트를 수행할 수 있는 능력

　　㉦ 조직 내의 기술 이용을 수행할 수 있는 능력

　　㉧ 기술 전문 인력을 운용할 수 있는 능력

41 ②

세 번째에 누른 스위치(◪)를 먼저 고려하면 ②와 ③이 정답이 될 수 있다. 이 중 첫 번째 스위치(▲)와 두 번째 스위치(☆)에 의해 2번째 기계는 원래 모양대로 있게 되므로 ②가 정답이 된다.

42 ③

3, 4번 기계의 방향만 시계 방향으로 90도 바꾸기 위해서는 ★, ☆, ▲를 누르면 된다(1, 2번 기계는 원위치로 돌아감). 또, 운전 조작 스위치 중 ◪, ◉를 누르면 모든 기계가 작동되는데, 이후 ◆를 누르면 작동되던 2, 3번 기계는 한 번 더 조작되었으므로 정지된다.

43 ②

충전 버튼은 클린킹을 충전대로 이동시킬 때 사용하는 버튼으로 본체와 리모컨에서 모두 동일한 기능을 하는 것으로 설명되어 있다.

① 예약버튼은 청소 시간을 설정하는 것이 아니고, 청소 시작 시간을 설정해 두는 기능이다.

③ 스마트 진단 기능을 취소하려면 리모컨의 '정지' 버튼을 눌러 스마트 진단을 취소할 수 있다.

④ 원하는 방향으로 클린킹을 이동시키며 청소하고자 할 때는 리모컨의 방향 버튼을 사용하면 된다.

44 ④

클린킹의 전원을 리모컨으로 켜는 것은 불가능하다고 설명되어 있으므로 무턱대고 리모컨의 배터리를 교체하는 것은 적절한 사용 방법이 아니다.

① 집중 청소, 청소 예약, 지그재그 청소, 꼼꼼 청소 등은 클린킹을 정지시킨 후 실행하라고 설명되어 있으므로 적절한 사용 방법이다.

② 청소를 예약한 경우 정지 버튼을 누르면 예약이 취소된다.

③ 청소를 정지할 때와 전원을 끌 때 모두 정지 버튼이 사용되며 전원을 끌 때는 정지 버튼을 2초간 길게 누르게 된다.

45 ②

65세 이상 인구의 수를 알고 있으므로 노년부양비를 계산하기 위해서는 15 ~ 64세 인구를 알아야 한다. 전체 인구에서 0 ~ 14세 인구와 65세 이상 인구를 제외하면 15 ~ 64세 인구가 될 것이므로 다음과 같이 계산할 수 있다. 0 ~ 14세 인구를 x라 하면, $(18,536 \div x) \times 100 = 434.6$이 되므로 이를 계산하면 x는 약 4,265천 명이 된다. 따라서 15 ~ 64세 인구는 $45,246 - 18,536 - 4,265 = 22,454$천 명이 된다. 그런데 노년부양비는 해당인구 100명 당 명을 의미하므로 이를 감안하여 계산하면 노년부양비는 $18,536 \div 224.5 = $ 약 82.6이 됨을 알 수 있다.

46 ③

전체 인구의 수에서 65세 이상 인구가 차지하는 비율은 단순한 '고령인구 비율'이며, 노령화 지수는 전체 인구가 아닌 0 ~ 14세 인구의 수에서 65세 이상 인구가 차지하는 비율을 의미한다.

① 노년부양비를 의미하므로 1990년 7.4명에서 2050년 72.6명으로 10배 가까이 증가할 것으로 전망하고 있다.

정답 및 해설

② 부양능력이 있는 인구 대비 고령인구의 수를 측정하는 것이 노년부양비이므로 부양능력이 없다고 판단하는 0 ~ 14세 인구의 수는 제외한다.

④ 303.2 → 330으로 증가한 것이므로 (330 − 303.2) ÷ 303.2 × 100 = 약 31.6%로 30% 이상 증가한 것이 된다.

47 ④

㉠ 직업은 명예와 부를 획득하기 위한 수단적 행위로 보기 어렵다.

㉢ 예를 통해 나누어지는 사회적 역할을 강조하는 것은 주어진 상황의 A에 대한 조언으로 알맞지 않다.

48 ②

㉡ 혜린이 2시간을 공약하고 동철이 3시간을 공약한다면, 0 ~ 2시간을 선호하는 학생들은 혜린에게, 3 ~ 6시간을 선호하는 학생들은 동철에게 투표할 것이다. 따라서 혜린이 더 많은 표를 얻을 것이다.

㉢ 동철이 5시간을 공약하면 모든 학생이 50%의 확률로 동철에게 투표하므로 학생의 절반이 동철에게 투표한다고 할 수 있다. 동철이 4시간을 공약하면 0 ~ 4시간을 선호하는 학생들이 동철에게 투표한다. 따라서 4시간을 공약하면 더 많은 표를 얻을 수 있다.

㉣ 동철이 1시간을 공약할 때 혜린이 2시간을 공약하면 2 ~ 6시간을 선호하는 학생들이 혜린에게 투표한다. 3시간을 공약하면 3 ~ 6시간을 선호하는 학생과 2시간을 선호하는 학생의 절반(2시간을 선호하는 학생이 50%의 확률로 동철에게 투표)이 혜린에게 투표한다. 따라서 2시간을 공약하면 더 많은 표를 얻을 수 있다.

49 ②

동철이 0시간 혹은 1시간을 공약하면 혜린은 동철보다 1시간 더 많은 시간을 공약하는 것이 더 많은 표를 얻을 수 있다. 동철이 3, 4, 5, 6시간을 공약하면 혜린은 동철보다 1시간 더 적은 시간을 공약하는 것이 더 많은 표를 얻을 수 있다. 동철이 2시간을 공약하면 같은 2시간을 공약하는 것이 가장 많은 표를 얻을 수 있다. 이는 동철에게도 마찬가지이다. 따라서 동철과 혜린 모두 2시간을 공약하게 될 것이다.

※ 적은 시간을 선호하는 학생부터 줄을 세운다면 560명의 절반인 280번째 또는 281번째 학생(이를 '중위 투표자'라 한다. 중위 투표자란 중간의 선호를 가진 사람으로, 두 대안을 대상으로 하는 다수결 투표의 결과는 이 투표자에 의해 결정된다고 한다)은 2시간을 선호할 것이다. 위에서 제시된 논리에 따라 두 명의 후보는 모두 중위 투표자가 선호하는 시간을 공약할 것이다.

50 ②

사회 지도층으로서의 도덕적 의무를 이행하기 위해서 고위공직자 및 전문직 종사자는 사회에 대한 책임감을 가져야 한다.

》》 기계 · 전기일반

51 ②

grad는 결과식이 벡터이다.

$$grad\,V = \nabla V = \left(\frac{\partial}{\partial x}i + \frac{\partial}{\partial y}j + \frac{\partial}{\partial z}k\right)V$$
$$= \frac{\partial V}{\partial x}i + \frac{\partial V}{\partial y}j + \frac{\partial V}{\partial z}k$$

52 ④

전계 $E = -grad\,V = -\nabla V = -8yj - 2k\,[\text{V/m}]$에서
$y = 2$, $z = 1$를 대입하면
$E = -16j - 2k\,[V/m]$

53 ④

힘은 거리의 제곱에 반비례한다.

$$F = 9 \times 10^9 \times \frac{Q_1 Q_2}{r^2} = 9 \times 10^9 \times \frac{Q_1 Q_2}{\left(\frac{1}{2}\right)^2}$$

54 ④

정전계는 전계 에너지가 최소로 되는 안정된 전하분포를 가진다.

55 ②

$W = \dfrac{1}{2}CV^2$에서 C에 대해 정리하면

$C = \dfrac{2W}{V^2} = \dfrac{2 \times 100}{100^2} = 0.02[\text{F}]$

56 ④

㉠ 정전용량 $C = \epsilon\dfrac{S}{d}[F]$

㉡ 단위면적당 정전용량 $\dfrac{\epsilon}{d} = \dfrac{\epsilon_o \epsilon_r}{d}[F/m^2]$이므로 유전율에 비례한다.

57 ③

$F = NI = 50 \times 10 = 500[\text{AT}]$

58 ③

$F = NI = 600 \times 0.5 = 300[\text{AT}]$

59 ②

$W = \dfrac{1}{2}LI^2$이므로 전류를 두배로 하면

$\dfrac{1}{2}L(2I)^2 = 2LI^2$이 된다.

따라서 일정한 에너지를 축적하기 위해서는 인덕턴스 L을 $\dfrac{1}{4}$로 감소해야 한다.

60 ④

$H = \dfrac{NI}{2\pi r} = \dfrac{NI}{l} = \dfrac{200 \times 0.5}{40 \times 10^{-2}} = 250[\text{AT/m}]$

61 ③

$1[\text{V}] = -N\dfrac{d\Phi}{dt} = -1 \times \dfrac{1}{1} = -1[\text{V}]$

($-$의 부호는 유도기전력의 발생방향을 나타내는 것이다)

62 ①

키르히호프의 제2법칙을 이용하여 계산하면

$\sum E = \sum IR$이므로

$20 - 5 = I(10 + 20)$

$\qquad 15 = 30I$

$I = \dfrac{15}{30} = 0.5[\text{A}]$

63 ③

중첩의 정리를 이용해서 구하면

왼쪽의 전압원만 있는 경우 오른쪽 전압원은 단락시킨다.

따라서 $I_1 = \dfrac{10}{5 + \dfrac{10 \times 10}{10 + 10}} = 1[\text{A}]$이고,

$I_{3a} = \dfrac{1}{2} = 0.5[\text{A}]$

오른쪽의 전압원만 있는 경우 왼쪽의 전압원은 단락시킨다.

따라서 $I_2 = \dfrac{10}{10 + \dfrac{5 \times 10}{5 + 10}} = 0.75[\text{A}]$,

$I_{3b} = \dfrac{5}{5 + 10} \times 0.75 = 0.25[\text{A}]$

$I_3 = I_{3a} + I_{3b} = 0.5 + 0.25 = 0.75[\text{A}]$

64 ②

$10[\Omega]$, $15[\Omega]$의 합성저항 $R = \dfrac{10 \times 15}{10 + 15} = 6[\Omega]$

R_T(전체합성저항)$= 4 + 6 = 10[\Omega]$

I(전체전류)$= \dfrac{100}{10} = 10[\text{A}]$

$10[\Omega]$에 흐르는 전류 $I = \dfrac{15}{10 + 15} \times 10 = 6[\text{A}]$

65 ②

위상차 $\phi = \phi_1 - \phi_2 = \dfrac{\pi}{4} - \dfrac{\pi}{2} = \dfrac{\pi}{4}[\text{rad}]$

66 ①

병렬회로에서 유도성 회로가 되려면 $I_L > I_C$이어야 하므로 $X_L < X_C$이다. 용량성 회로가 되려면 $X_L > X_C$이어야 한다.

정답 및 해설

---

67 ③

$$Z = \sqrt{R^2 + (X_L - X_C)^2} = \sqrt{6^2 + (10-2)^2} = 10[\Omega]$$

68 ③

$$W = Pt\eta = 5,000 \times 1 \times 0.6 = 3,000 = 3[\text{kWh}]$$

69 ①

$$I_P = \frac{V_P}{Z} = \frac{\dfrac{V_l}{\sqrt{3}}}{\sqrt{8^2 + 6^2}} = \frac{200}{10\sqrt{3}} = 11.5[\text{A}]$$

70 ②

직류이므로 $s = 0$ 이므로

$$Z(s) = \frac{20}{2} = 10$$

$$V = Z(s) \cdot I = 10 \times 20 = 200[\text{V}]$$

71 ②

비선형 회로에서 발생하는 일그러짐은 출력측에 입력신호의 고조파가 발생함으로써 생긴다. 이와 같은 일그러짐을 고조파 일그러짐 또는 비직선 일그러짐이라고 한다.

72 ②

$$F(s) = \mathcal{L}[f(t)]$$
$$= \mathcal{L}[\sin t] + \mathcal{L}[2\cos t]$$
$$= \frac{1}{s^2+1} + 2 \cdot \frac{2}{s^2+1} = \frac{2s+1}{s^2+1}$$

73 ④

$$f(t) = e^{j\omega t}$$

$$F(s) = \mathcal{L}[f(t)] = \mathcal{L}[e^{j\omega t}] = \int_0^\infty e^{j\omega t} e^{-st} dt$$

$$= \int_0^\infty e^{-(s-j\omega)t} dt = \frac{1}{s-j\omega} e^{-(s-j\omega)t} \Big|_0^\infty = \frac{1}{s-j\omega}$$

74 ③

t = 0인 시점에 스위치를 닫았을 때 회로에 흐르는 초기 전류는 0이며, 최종적으로 V_R양단의 전압은 10[V]가 된다.

75 ③

$V_m \sin(\omega t - \theta)$를 인가했으므로 전류

$$i = I\sin(\omega t - \theta - \phi) = \frac{V}{\sqrt{R^2 + (\omega L)^2}} sin(\omega t - \theta - \phi)$$

76 ③

기계가공

㉠ 공작기계에 의해 주로 이루어지는 것으로, 주로 절삭가공을 말한다.

㉡ 절삭가공은 형상과 치수를 정확하게 가공할 수 있기 때문에 봉재와 판재를 비롯하여 주조, 단조, 프레스가공 등으로 만들어진 소재를 정밀가공하는 데 사용된다.

77 ④

다이캐스팅의 장점

㉠ 정도가 높고 주물 표면이 깨끗하다.

㉡ 강도가 높다.

㉢ 대량, 고속생산이 가능하다.

㉣ 얇은 주물의 주조가 가능하다.

78 ④

㉠ **전조** : 소재나 공구(롤) 또는 그 양쪽을 회전시켜서 밀어붙여 공구의 모양과 같은 형상을 소재에 각인(刻印)하는 공법. 회전하면서 하는 일종의 단조 가공법

㉡ **굽힘가공** : 형을 사용하여 판상의 금속 재료를 굽혀 원하는 형상으로 변형시키는 가공법

79 ④

① TIG 용접(GTAW)은 비소모성인 텅스텐 전극으로 아크를 발생시키고 용가재의 첨가 없이도 아크열에 의해 모재를 녹여 용접할 수 있다.

② MIG 용접(GMAW)은 소모성인 금속전극으로 아크를 발생시킨다.

③ 산화철 분말과 알루미늄 분말의 반응열을 이용하는 용접법은 테르밋 용접법이다.

80 ②

공구의 온도가 상승하면 공구재료는 연화된다.

81 ②

선반은 원통이나 원추형의 외부표면을 가공하는 공정을 말하고 드릴링머신은 주축에 끼운 드릴이 회전운동을 하고, 축 방향으로 이송을 주어 공작물에 구멍을 뚫는 공작기계이다.

82 ①

나사기초 드릴의 지름(d) = 나사의 바깥지름(D) − 나사의 피치(p)

83 ③

슈퍼피니싱 … 입도가 아주 작은 숫돌을 공작물에 가볍게 누르고 진동을 주면서 공작물에도 회전과 왕복운동을 동시에 주어 짧은 시간에 공작물의 표면을 매우 정밀하게 다듬는 가공방법이다.

84 ④

블록 게이지의 용도별 등급

ㄱ AA : 참조용

ㄴ A : 표준용

ㄷ B : 검사용

ㄹ C : 공작용

85 ③

$$파괴강도 = \frac{파괴하중}{시험편의\ 단면적}$$

86 ①

기호	설명	기호	설명
SM	기계구조용 탄소강재	SBB	보일러용 압연강재
SBV	리벳용 압연강재	SBH	내열강

기호	설명	기호	설명
SKH	고속도 공구강재	BMC	흑심 가단주철
WMC	백심 가단주철	SS	일반 구조용 압연 강재
DC	구상 흑연 주철	SK	자석강
SNC	Ni-Cr 강재	SF	단조품
GC	회주철	STC	탄소공구강
SC	주강	STS	합금공구강
		STD	금형용 합금공구강
SWS	용접 구조용 압연강재	SPS	스프링강

87 ②

표면경화법의 종류

ㄱ **침탄방법** : 저탄소강의 표면에 탄소를 침투시켜 고탄소강으로 만든 후 담금질

ㄴ **질화방법** : 암모니아 가스 속에 강을 넣고 장시간 가열하여 철과 질소가 작용하여 질화 철이 되도록 하는 것

ㄷ **청화방법** : NaCN, KCN 등의 청화물질이 철과 작용하여 금속표면에 질소와 탄소가 동시에 침투되도록 하는 것

ㄹ **화염경화 방법** : 산소−아세틸렌 불꽃으로 강의 표면만 가열하여 열이 중심 부분에 전달되기 전에 급랭하는 것

ㅁ **고주파 경화방법** : 금속표면에 코일을 감고 고주파 전류로 표면만 고온으로 가열 후 급랭하는 것

88 ④

니켈은 자성이 있다.

89 ②

유리

○ 비결정 구조를 가지고 있는 재료이다.

○ 이산화규소 · 붕산 · 인산 등과 같은 산성 성분과 수산화나트륨 · 수산화칼륨 · 탄산칼슘 · 금속산화물류 등의 염기성 성분을 알맞게 조합하여 1,300 ~ 1,600℃의 고온에서 용융 · 고화시켜 만든다.

○ 용융상태에서 고화시킬 때 결정이 생기지 않도록 해야 하는데, 만약 결정이 생기면 불투명한 유리가 된다.

90 ①

초전도재료의 응용

○ 초전도 자석 : 자속밀도를 증가시켜 자성체의 크기를 줄일 수 있다.

○ 자기분리와 여과 : 자기분리 장치의 자화계에 초전도체를 이용하여 강화시키면 원광석으로부터 약자성을 띤 불순물을 제거할 수 있다.

○ 자기부상열차 : 시속 500km 이상의 속도를 낼 수 있는 수송수단을 개발하기 위해서는 자기현가 장치와 추진 장치의 개발이 필요하다.

○ 원자로 자기장치 : 낮은 전력소모로 높은 자속밀도를 낼 수 있는 대형의 초전도성 자석은 원자핵 융합에서 자기제어에 유용한 방법이다.

91 ③

리드는 나사를 한 바퀴 돌렸을 때 나사가 이동한 수평거리이며 피치와 줄수의 곱이다. 1줄 나사인 경우는 리드와 피치의 값이 동일하다. 1줄 나사가 2번을 회전하면 20mm가 이동되었으므로 1번을 회전하면 10mm가 이동되므로, 피치는 10mm가 된다.

92 ②

두 축의 중심선을 일치시키기 어렵거나, 진동이 발생되기 쉬운 경우에는 플렉시블 커플링을 사용하여 축을 연결하고, 두 축이 만나는 각이 수시로 변화하는 경우에는 유니버설 조인트가 사용된다.

○ 플랜지 커플링 : 큰 축과 고속정밀회전축에 적합하며 커플링으로서 가장 널리 사용되는 방식이다. 양 축 끝단의 플랜지를 키로 고정한 이음이다.

○ 플렉시블 커플링 : 두 축의 중심선이 약간 어긋나 있을 경우 탄성체를 플랜지에 끼워 진동을 완화시키는 이음이다. 회전축이 자유롭게 이동할 수 있다.

○ 유체 커플링 : 원동축에 고정된 펌프 깃의 회전력에 의해 동력을 전달하는 이음이다.

○ 유니버설 커플링 : 훅 조인트(Hook's joint)라고도 하며, 두 축이 같은 평면 내에 있으면서 그 중심선이 서로 30° 이내의 각도를 이루고 교차하는 경우에 사용되며 두 축이 만나는 각이 수시로 변화하는 경우에 사용되기도 한다. 공작 기계, 자동차의 동력전달 기구, 압연 롤러의 전동축 등에 널리 쓰인다.

93 ①

벨트와 풀리에 이를 붙인 전동장치는 타이밍 벨트전동장치로 볼 수 있으며, 이는 미끄럼 없이 일정한 속도비를 얻을 수 있어 회전이 원활하게 되므로 효과적인 윤활이 필수적으로 요구되지는 않는다.

94 ②

$\delta_{max} = \dfrac{4PL^3}{bh^3E}$ 이므로 스프링의 두께(h)를 2배로 하면 처짐이 $\dfrac{1}{2^3}$ 배가 된다.

95 ③

※ 밸브의 종류

○ 역류방지 밸브(체크 밸브) : 유체를 한 방향으로만 흐르게 해, 역류를 방지하는 밸브. 체크 밸브라고도 한다.

○ 릴리프 밸브 : 유체압력이 설정값을 초과할 경우 배기시켜 회로내의 유체 압력을 설정값 이하로 일정하게 유지시키는 밸브이다. (Cracking Pressure : 릴리프 밸브가 열리는 순간의 압력으로 이때부터 배출구를 통하여 오일이 흐르기 시작한다.)

○ 카운터밸런스 밸브 : 부하가 급격히 제거되었을 때 그 자중이나 관성력 때문에 소정의 제어를 못하게 되거나 램의 자유낙하를 방지하거나 귀환유의 유량에 관계없이 일정한 배압을 걸어준다.

○ 시퀀스 밸브 : 순차적으로 작동할 때 작동순서를 회로의 압력에 의해 제어하는 밸브이다.

정답 및 해설

ⓜ **나비형 밸브** : 조름 밸브라고도 하며 평면밸브의 흐름과 직각인 방향으로 회전시켜 유량을 조절한다.

ⓑ **스톱 밸브** : 관로의 내부나 용기에 설치하여 유동하는 유체의 유량과 압력을 제어하는 밸브로서 밸브 디스크가 밸브대에 의하여 밸브시트에 직각방향으로 작동한다. (글로브 밸브, 슬루스 밸브, 앵글 밸브, 니들 밸브 등이 있다.)

ⓢ **글로브 밸브** : 공 모양의 밸브몸통을 가지며 입구와 출구의 중심선이 같은 일직선상에 있으며 유체의 흐름이 S자 모양으로 되는 밸브이다.

ⓞ **슬루스 밸브** : 압력이 높은 유로 차단용의 밸브이다. 밸브 본체가 흐름에 직각으로 놓여 있어 밸브 시트에 대해 미끄럼 운동을 하면서 개폐하는 형식의 밸브이다.

ⓩ **게이트 밸브** : 배관 도중에 설치하여 유로의 차단에 사용한다. 변체가 흐르는 방향에 대하여 직각으로 이동하여 유로를 개폐한다. 부분적으로 개폐되는 경우 유체의 흐름에 와류가 발생하여 내부에 먼지가 쌓이기 쉽다.

ⓧ **이스케이프 밸브** : 관내의 유압이 규정 이상이 되면 자동적으로 작동하여 유체를 밖으로 흘리기도 하고 원래대로 되돌리기도 하는 밸브이다.

ⓚ **버터플라이 밸브** : 밸브의 몸통 안에서 밸브대를 축으로 하여 원판 모양의 밸브 디스크가 회전하면서 관을 개폐하여 관로의 열림 각도가 변화하여 유량이 조절된다.

ⓣ **콕** : 저압으로 작은 지름의 관로 개패용의 밸브로 조작이 간단하다.

96 ③

노크가 발생하면 엔진에는 기계적, 열적부하가 증가하게 되며 연소가스의 진동에 의해 연소열이 연소실벽으로 전달되므로 연소실 벽에 열이 축적되어 자기착화, 스파크플러그나 피스톤의 소손, 실린더헤드 가스켓의 파손, 크랭크축의 손상 등을 유발하며 출력이 저하된다.

※ **노크의 발생원인**

ㄱ 제동 평균 유효압력이 높을 때
ㄴ 흡기의 온도와 압력이 높을 때
ㄷ 실린더 온도가 높아지거나 적열된 열원이 있을 때
ㄹ 기관의 회전속도가 낮아 화염전파속도가 느릴 때
ㅁ 혼합비가 높을 때
ㅂ 점화시기가 빠를 때

※ **가솔린 기관의 노크 억제법**

ㄱ 옥탄가가 큰 연료를 사용하는 것이 좋다.
ㄴ 제동평균 유효압력을 낮추어 준다.
ㄷ 연소실의 크기를 작게 하는 것이 좋다.
ㄹ 흡입되는 공기의 온도를 낮추는 것이 좋다.
ㅁ 혼합기가 정상연소가 이루어지도록 한다.

※ **가솔린 기관의 노크가 엔진에 미치는 영향**

ㄱ 연소실 내의 온도는 상승하고 배기가스의 온도는 낮아진다.
ㄴ 최고 압력은 상승하고 평균 유효압력은 낮아진다.
ㄷ 엔진의 과열 및 출력이 저하된다.
ㄹ 타격 음이 발생하며, 엔진 각부의 응력이 증가한다.
ㅁ 노크가 발생하면 배기의 색이 황색 또는 흑색으로 변한다.
ㅂ 실린더와 피스톤의 손상 및 고착 발생한다.

97 ③

설문은 베르누이의 정리를 말한다.

98 ①

냉매는 응축 압력과 응고 온도가 낮아야 한다.

※ **냉매가 갖추어야 할 조건**

ㄱ 저온에서도 대기압 이상의 포화증기압을 갖고 있어야 한다.
ㄴ 상온에서는 비교적 저압으로도 액화가 가능해야 하며 증발잠열이 커야 한다.
ㄷ 냉매가스의 비체적이 작을수록 좋다.
ㄹ 임계온도는 상온보다 높고, 응고점은 낮을수록 좋다.
ㅁ 화학적으로 불활성이고 안정하며 고온에서 냉동기의 구성재료를 부식, 열화시키지 않아야 한다.
ㅂ 액체 상태에서나 기체 상태에서 점성이 작아야 한다.

99 ③

지브 크레인 … 본체의 부착부 둘레를 회전하거나 경사각을 변화시켜 최대 회전원 범위 내에 있는 화물을 들어올려 운반한다.

100 ①

그레이더는 주로 도로공사에 쓰이는 굴착기계로 주요부는 땅을 깎거나 고르는 블레이드(Blade :날)와 땅을 파 일구는 스캐리파이어(Scarifier)로, 2 ~ 4km/h로 주행하면서 작업을 하는 건설기계로서 지반의 표면작업장비로 자주 사용된다.